Hermes
the origin of messages and media

Hermes 022

臺灣的未來在海洋
探索新時代的挑戰與希望

作者：郝明義

第一編輯室
總編輯：林盈志
責任編輯：方竹
封面繪圖：阿尼默
美術設計：簡廷昇

出版者：英屬蓋曼群島商網路與書股份有限公司台灣分公司
發行：大塊文化出版股份有限公司
105022 台北市南京東路四段 25 號 11 樓
www.locuspublishing.com
TEL：（02）8712-3898　FAX：（02）8712-3897
讀者服務專線：0800-006689
郵撥帳號：18955675　戶名：大塊文化出版股份有限公司
法律顧問：董安丹律師、顧慕堯律師

總經銷：大和書報圖書股份有限公司
地址：24890 新北市新莊區五工五路 2 號
TEL：（02）8990-2588　FAX：（02）2290-1658
製版：瑞豐實業股份有限公司

初版一刷：2023 年 10 月
定價：新台幣 480 元
ISBN：978-626-7063-48-4

Printed in Taiwan.

國家圖書館出版品預行編目 (CIP) 資料

臺灣的未來在海洋：探索新時代的挑戰與希望 / 郝明義作 . --
初版 . -- 臺北市 : 英屬蓋曼群島商網路與書股份有限公司台灣
分公司出版 : 大塊文化出版股份有限公司發行 , 2023.10
面；　公分 . -- (Hermes ; 22)
ISBN 978-626-7063-48-4(平裝)

1.CST: 臺灣政治 2.CST: 兩岸關係

573.09　　112015645

臺灣的未來在海洋

探索新時代的挑戰與希望

Taiwan Unbound
A New Chapter

郝明義
Rex How

目錄

第二部：煙霧

第三部：大象

第四部：海洋

前言

一．

八年前，介於太陽花運動之後和二〇一六年大選之間，我寫了一本書：《如果台灣的四周是海洋》。接著在大選結束後，我又寫了《大航海時刻》，總結那兩年我對當時社會氛圍的觀察和體會。

之所以敢又脫離過去在閱讀、文化領域的書寫，開始寫起涉及政經和社會的課題，不是因為覺得有了什麼評論的能力，而是我急於想把那段時間的觀察心得趕快和大家分享。

我看到了一個景象：臺灣的社會環境，正在由陸地轉為海洋；新一代年輕人的思維和價值觀也由陸地轉為海洋，對過去世代產生巨大衝擊。

本來，隨著社會的前進，每個不同的年齡世代置身的環境不同，思維和價值觀也就會有所差別。儘管有差別，但是前後世代之間又總有些承接的脈絡。直到某個時間點上環境產生劇變，景貌徹底不同，新一代人的思維和價值觀跟著異變，就會告別先前的脈絡。雖然仍是一代之隔，彼此卻是陸海相對了。

二〇一六年前後我看到的情況就是如此。

國民政府來臺灣的幾十年間，先前一代代人置身的社會環境儘管有變化，很像是高山、丘陵、平原的不同，再怎麼變化還都是陸地景貌，適用在陸地生存的思維。

而太陽花運動前後，是一九八七年解嚴那年出生的年輕人長大成年的時候。隨著政治、經濟、兩岸關係、科技、媒體及國際情勢都出現劇變，他們已經置身有異於過去的海洋環境，也發展出屬於海洋的思維和價值觀。

陸地思維，講究穩定，習慣於避免震動。陸地的價值觀，重視秩序、權威、由上而下的分配。

海洋思維，必須習慣於風浪的波動，把波動化為前進的助力。海洋的價值觀，重視自由、個人意志、公平透明的分配。

陸地思維裡的海洋，是隔斷大陸的分界，充滿風急浪高的危險。

海洋思維裡的海洋，是連接世界的通路，充滿乘風快意的機會。

最關鍵的，陸地思維注重與中國的聯結，海洋思維重視臺灣本土意識。

當然，在陸地環境成長的世代裡，也有人長於海洋思維，在海洋環境成長的世代裡，也有人長於陸地思維，但這不妨礙以解嚴那年為分界線，劃出前後世代不同的思維。

臺灣海洋思維的年輕世代，就這樣一路參與反媒體壟斷、反大埔、紀念洪仲丘，終於策動三一八學運。

當時民進黨和國民黨的掌權者都成長於陸地時代，但民進黨知道如何一路聯結海洋思維的年輕人，而國民黨卻一路驅趕他們站到自己的對立面，並堅持要在海裡蹲馬步、練鉛球，結果後來大家都知道。

我震撼於臺灣這種劃時代的轉變，寫出來是為了和大家分享，也當作自己接下來觀察、思考的基點。

二.

八年後再寫這本《臺灣的未來在海洋》，起因是我看到二〇二四年總統大選出現一些特殊現象。

雖然每一次選舉都有自己的特殊現象，但這一次還是有不同的特殊。

首先，因為「新時代」。綜合了疫情三年加解封、俄烏戰爭、新AI登場，還有中共對臺灣日益升高的軍事威脅等各種新變數，這個時代背景的本身就把我們帶入風浪更為險惡的海洋。

而各個總統候選人，以及各方陣營支持者之間的互動，讓我看到許多或是和海洋思維相衝突，或是逆行回陸地思維。

而解嚴時刻出生的年輕人，在八年前代表和陸地思維最對立的那一代，現在成了代表和陸地世代最接近的一代；更後來，在進入二十一世紀才出生的年輕人，出現了對照更巨大的海洋思維。儘管同在海洋裡，深淺不同水域裡的年輕世代之對比，落差可能不小於陸海之間的差異。譬如，今天二十歲上下的人很多已經不知道太陽花運動為何物。

而這些更深海域裡年輕世代和政治人物的互動方式，又是前所未見。

我把這些讓人眼花撩亂的現象簡稱為「迷霧」。

另一方面，中華民國自從有總統直選以來，每一次總統大選在枱面上的候選人之外，都還有另一個候選人：中共。只是不同時期的階段，這位候選人使用的工具不同。

早期在李登輝、陳水扁時代，中共參與臺灣選舉使用的工具是砲彈；到馬英九時代是銀彈；到今天，是綜合了砲彈加銀彈，外加新的戰線：認知戰。

在認知戰裡，連臉書都算是老舊媒體。各種新科技、新演算法、新媒體綜合出的認知戰，無處不在、無時不在；變化出的形貌，代理人、共鳴者也無所不有。

認知戰的目的就是要用一些似是而非的說法，誤導方向，所以我把認知戰比喻為用心設計的「煙霧」。

這次大選，煙霧的濃度、廣度及方向，都和砲彈加銀彈結合出前所未見的強度。身為一個公民，我想看穿瀰漫的迷霧和煙霧，發現有哪些被隱藏或淹沒，但真正值得關注的重要課題；也想知道在風高浪急中該有哪些調整和準備，前行的方向在哪裡。

所以我除了訪問八年前寫那兩本書的時候見過的許多人之外，也訪問了近年來新認識的一些人，希望從大家不同位置交叉的雷達和探照燈中，整理頭緒。

很慶幸。在訪問、整理，並不斷對照出發基點的過程中，我不只為自己想要探索的許多問題找到解答，也更驚奇於許多意外的發現。

固然有些問題的巨大和糾葛影響出乎意料，但也有些解答的方向出乎意料令人鼓舞。而我想在這個特殊時刻把我所知道的寫出來給大家參考，以供大家共同繼續探索。

三.

這本書共有四個部份。

第一部份，「迷霧」。主要分析二〇二四大選民進黨、國民黨、柯文哲及郭台銘四組人馬各自的條件及呈現的問題。

因為世代差異如此急劇，沒多久前的事也容易被遺忘，因此我寫目前的現象，也整理過去埋下的根源。

民進黨從前瞻計畫談起。國民黨從廢止動員戡亂條例談起。柯文哲從他怎麼撿到槍談起。郭台銘從一篇寫他的文章談起。

我希望讀者看過這個部份之後，能有新的角度看待二〇二四年大選，不必焦慮，並可以做些為國家，為自己做些更長遠的準備。

第二部份，是「煙霧」。

我從一位完全意想不到也是對岸認知戰共鳴者的女士談起，整理了一些常見的認知戰煙霧。

我希望能說得清這些煙霧是怎麼來的，作用是什麼，以及一個理性的人可以如何吹散煙霧。

如果只聽得進自己喜愛的政治人物，如果只仰賴政治人物決定未來，我們就容易成為販賣恐懼與仇恨者的買家。何況其中還有對岸認知戰發生作用的時候。

在國家安全上，我們每個人都需要保持清醒。

第三部份，是「大象」。

臺灣社會有許多被迷霧和煙霧隱藏的緊要課題。在不同的人眼裡，有不同的優先順序。我只談自己最關心也覺得最緊急的三個與年輕人相關的課題。

之所以用「大象」來形容，一方面是這三個課題像是房間裡的大象，人人視若無睹；另一方面是因為這三個課題的根源，都在於臺灣過去陸地思維，是屬於陸地的巨獸。這三個課題，影響他們的居住、工作，以及對世界的認知。

我看到在更深的海洋環境裡出生的年輕世代的掙扎，他們和陸地世代與思維的衝突、被剝奪的公民權利，對未來的茫然，以及遭受特定政治人物的操弄。目前我們已經看到很多洶湧波濤，如果再不面對，未來海裡的翻騰勢必更險惡。

第四部份，是「海洋」。

八年前，我得知臺灣的四周雖然都是海，但卻是無魚之海。八年後，這次訪談中發現情況更嚴重。

但我意外又欣喜地，聽到讓海洋復生的方法，但這方法也是很簡便，甚至在看似緩慢中可以很快速。而海洋復生的方法可以啟發民主社會許多其他運作的思考。

因此我在第四部寫如何以海洋思維重新看待今天的處境：如何從風高浪急中看出臺灣面對全世界前所未有的機會、如何改革社會固有的陸地思維，以及如何看出未來的希望，還有每個人自己該有的準備，如何務實地一寸寸實現理想。

這樣我們就不必為風浪的起伏而恐懼，而會乘風破浪，航向更廣闊的天地。

又因為我相信以這本書當個基點，我們要共同創造更美好的未來的話，一定需要更多讀者的參與，所以在書的最後也有一章是留給讀者自己書寫的。也很歡迎大家以這些意見與我討論。

我們一起共同探索挑戰和希望。

第一部：迷霧

一、民進黨的情況

當人均GDP超韓趕日時

今年二月臺北國際書展期間，有一天和韓國朋友聚餐。他感嘆韓國的經濟表現不佳，恭喜臺灣的人均GDP超越了韓國。我說是啊，甚至我們還超越了日本呢。這一下不只韓國人，連同桌的其他臺灣人也大呼驚奇。這麼大的新聞，他們都沒注意到。

最先見諸新聞報導的，是去年十月蔡英文總統表示，根據IMF的數據，臺灣的人均GDP將首次超越日本及韓國，成為東亞第一。到十二月中，日本經濟新聞，也報導臺灣將超越日本。

儘管其後實際的統計顯示，臺灣的人均GDP是三二、五八六美元，比日本的三三、七三一美元差了大約一千美元，但已經是有史以來最小的差距。並且，從二〇〇三年臺灣被韓國超越之後，的確二十年後來首次逆轉，多過韓國的三三、四一〇美元。

這實在是了不起的成績。

以日本在經濟、生活上諸多層面對臺灣都有標竿性意義，臺灣對韓國又有諸多緊盯的競爭指標來說，發生了這麼大事，即使不舉國歡騰，大家也該很興奮。然而為什麼許多人都沒注意到？或者注意到也覺得很不真實，很無感？

今年六月，《報導者》有一篇報導特別分析為什麼臺灣的GDP數字亮眼，卻和不少臺灣人的「體感」存在落差。

如果有感的話，以民進黨執政有如此突出的成績，不致於在野各方一度主張有六〇％的民意想要再次政黨輪替，使得二〇二四總統大位顯得如此多嬌，引來多方人馬競折腰，而賴清德只能寄望於三腳督或四腳督來取勝。

無感的原因到底是什麼？

暴增的百億富豪

我先去訪問了財金文化董事長謝金河。

二〇一五年訪問他的時候，馬英九政府雖然一直在喊「拚經濟」、「拚出口」，但經濟成長率連保一都出了問題，出口連續衰退、股市崩盤，唯一仰仗半導體和電子業兩個明星產業支撐。

當時謝金河最擔心的是，「等紅色供應鏈的威脅再增強，我們就可能動搖國本。」而那年稍晚的時候，中國紫光集團的趙偉國來臺灣，高調號稱要合併聯發科，還要買下台積電的二十五%股份。

而當時不只聯發科立場不明，連台積電的張忠謀的表態也很含糊。他說唯一的準則是「只要價格合適，而且對股東有利」。

所以從謝金河的角度，不只看到八年來蔡英文政府比當年馬英九政府超越之處，也可以充分理解臺灣去年亮眼的經濟成績的原因。

謝金河說台積電真正「轉大人」是從二〇一八年起。當時英特爾的市值還是台積電的三倍，而現在台積電的市值是英特爾的四倍，有了護國神山之稱。

謝金河認為這其中是蔡英文全力支持台積電的決策發揮了關鍵作用。相形之下，紫光集團則在二〇二一年宣告破產重整。

謝金河也肯定蔡英文政府大力扶植起一些產業，每個產業都出現了亮眼的代表性企業，譬如軍工產業及其中的中信造船、龍德造船、生產飛彈晶片的全訊；綠能產業及其中的世紀鋼、世紀風電。

這些產業和企業的表現是如此之突出，造就了許多人的財富。謝金河說，八年前臺灣的百億級富豪為數很少，但現在暴增。並且二〇二二年富比世報導，臺灣總計五十一人身價突破十億美元，人數排名全球第十。

至於當年馬英九政府當年把臺灣的經濟成長寄望於鎖進中國，簽訂《服貿協議》最終引發太陽花運動而破局之後，二〇一六年眼看韓國卻和中國簽訂了ＦＴＡ（《自由貿易協定》），許多藍營政治人物及媒體感嘆臺灣把機會拱手讓給了韓國，接下來和韓國的差距會越拉越遠。

謝金河則認為事實證明：韓國經濟表現之所以在去年被臺灣超車，除了匯率變化的因素之外，其中一個重要原因就是自從韓國和中國簽署FTA之後，反而造成中國在化工、面板、汽車、手機等韓國原先領先的領域節節敗退，不只失去產業領先優勢，也終於在二〇二二年結束長期對中國的貿易出超，而出現逆差。

「馬英九一直說兩岸關係不好，臺灣經濟不會好。但是事實證明，兩岸關係不好，臺灣經濟反而可以更好。」謝金河說，「韓國還證明，你和他關係越好，經濟還可能越不好。」

我問謝金河那怎麼解釋臺灣去年人均GDP超韓趕日，經濟表現這麼好，許多一般人卻無感？

《報導者》的分析裡，提到的可能原因有一個是：「從二〇一二年至二〇二一年間，臺灣人的年薪中位數只成長了十四．四八%，明顯落後於GDP的成長率」；以及顯示貧富差距的「吉尼係數」近年來都在逐漸拉大。尤其疫情期間臺灣企業（和地主及股東）實在太賺錢了，而勞工分配到的GDP比例不但沒有提升，還明顯縮水。

所以我問謝金河，會不會是這人均GDP增加的現象，主要由於少數富有者和大多數其他人的貧富差距拉得更大而導致？

謝金河承認有這個可能。「所以臺灣接下來的課題是要讓這些富有者的財富如何補貼到貧窮的人身上。」

從這一點看，他說像七月宣布私立大學學費的補助，就是可以讓人有感的。

訪問OURs專業者都市改革組織的秘書長彭揚凱，和長期研究臺灣經濟發展與年輕人薪資關係的中研院林宗弘研究員，這種貧富差距的落差原因就更清楚。

千分之一的人和其他人

臺灣急劇拉大的貧富差距，除了反映在謝金河說的人數暴增的百億富豪上，也顯示在有錢人擁有的房子數量上。

臺灣居住正義所涉及的課題，不只是房價高昂，很多人只能望屋興嘆，聽彭揚凱分析的一點尤其令人驚奇。

臺灣為了打擊房價的飆升喊著要開徵囤房稅很久了，但事實上並沒有一個特定的囤房稅，只是縣市政府視各自情況，就若干戶以上的非自用住宅課以比較高的稅率。平均起來，每個人大約從自己擁有的第四戶房屋才略為調高稅率。但因為幅度不大，不痛不癢。

而擁有多間房產的人數，在過去幾年時間裡也急劇增加。

二〇一四年，臺灣個人擁有三間房以上的人，有三十萬人；到二〇二〇年，個人擁有三間房以上的人，多達五十萬人。六年間增加了二十萬人，將近七成。

在大家普遍感嘆房價太高買不起房子的時候，這固然是實證貧富差距巨大的一個例子，還不是最驚人的。

林宗弘看到的無感原因，在於薪資的比例沒有增加太多，消費也沒有增加太多。雖然蔡政府八年來改變馬英九政府時代的情況，持續在拉高最低工資水準，但是林宗弘說目前也不過就拉回「崩世代」應有的基準上而已。

並且平均薪資雖然在上升，但是通膨也上升，實質所得反而萎縮。

所以林宗弘指出了兩個值得注意的現象。

第一個，固然有貧富差距拉大的現象，還不能用一般講的貧富兩端這種觀念來看。

林宗弘從財政部的「家庭收支調查」來分析，近年來，臺灣只有頂端一%到〇．一%的人口的收入才有明顯成長，連頂端五%到一〇%的人的收入成長率都不明顯。而他們擁有的財富還不在不動產上，而是金融資產上。

所以臺灣貧富差距拉大不能只用籠統的貧富兩端來看，要用一%到〇．一%極富有的尖端，和其他所有的人的對比來看。

第二，GDP從收入面來看有三大面向，包括薪資、產業主所得（也就是利潤），加上資本支出和地租。

而林宗弘看到，相對於名目工資所得稍有上漲，產業主的所得是停滯的。在GDP增長的結構裡，增加最多的是因資本支出而產生的資本折損。

因此，GDP雖然有成長，但是實際上其中真正在成長的不是受薪者的薪資，也不是產業主的所得（利潤），而是資本支出的受益者。所以真正獲益的圈子不只限縮在高階工程師、經理人，或是投資者，而是在資本支出的獲益者，也就是電子業購買那些昂貴、資本密集設備的相對方。像荷蘭提供晶片製造設備的艾司摩爾（ASML）。

也因此，林宗弘跟我說，雖然台積電得到「護國神山」之名，但相對於臺灣的投資者有八〇%是來自國外，臺灣本身要為台積電的用電用水付出偌大代價，連GDP的成長也有很大一塊是被台積電所代表的電子業的供應鏈給吃掉，大家應該思考一件事情：「臺灣電子業的利益是否等同於臺灣人民的利益？台積電的利益是否等同於臺灣人民的利益？」

總之，臺灣有些人可以歡慶人均ＧＤＰ的超韓趕日，卻有更多的人無感於這種成長，不是沒有原因。

然而，光是這種無感，應該不至於形成那麼多人想要民進黨下台。

站在民進黨對面的人到底是什麼面貌？

站在民進黨對立面的人

我問了曾擔任民進黨副祕書長的林飛帆。

林飛帆認為，和國民黨執政的時候相比，站在民進黨對立面的人很難講得清楚。馬英九執政時候的國民黨政府，在各個軸線上都可以看出哪些人站在他們對立面上。

兩岸關係、世代議題、經貿政策、社會福利、環境政策、階級議題、性別議題，國民黨幾乎都是保守價值的代言者，給自己造成三合一的對立者。但是在民進黨執政這八年，林飛帆說沒有這些清晰的對立軸線。「民進黨做的你不滿意，但很難說他做的東西全都是站在你的對立面，是你的三合一敵人。」

林飛帆認為，有可能主要是出於八年執政的疲乏感。反對的人就是覺得都給你執政八年了，何不試試政黨輪替。

而他相信大家並不是想讓國民黨再回來，對民眾黨也不確定。「所以有點混沌的狀態，就是可以感受到社會當中有一群人對民進黨執政有所不滿，但很難界定這個力量到底代表的是什麼。」他說。

如果說很難界定站在民進黨對立面的到底是哪些人，那麼要歸納一下對民進黨這八年執政不滿的原因，則沒那麼難。

因為在二〇一六年蔡英文政府剛就任不久，他們就以一個案例很具體地預告了他們接下來八年施政的特色，以及會引發批評的根源是什麼。

《前瞻基礎建設特別條例》及《前瞻基礎建設計畫》（以下簡稱《前瞻條例》、《前瞻計畫》）。

行政上的傲慢

民進黨政府引發不滿的根源是什麼？

我認為的核心關鍵詞：「傲慢」。

民進黨政府在二〇一六年勝選前後，蔡英文有過「成為最會溝通的政府」、「謙卑謙卑再謙卑」、「你可以拍桌子」等聆聽民意的金句。但也不過一年之後，二〇一七年五月，她就說了「我聽到了以後就不用再繼續那樣大聲了」。

也很巧合，就在那同一個五月，民進黨政府提出了八年八千億元預算的《前瞻計畫》。這雖然是個個案，但可以具體地呈現，並預示民進黨政府執政八年相當共通的問題現象。

《前瞻計畫》有什麼問題？

首先是草率：行政程序和內容的草率。

研究行政運作的法律學者黃丞儀指出：這麼大一個計畫，並不在蔡英文二〇一六競選總統時的政見，也不在二〇一二年競選時提出的十年政綱裡。而一上任就提出這麼龐大的國家型計畫，究竟事前的評估和規劃是什麼？可行性分析幾乎是空的。

我當年追蹤這件事情的時候也提出：如果這個重大計畫是蔡英文就任後才形成的，那麼如此重大的政府建設計畫，應該是過去的經建會，現在的國發會所負責的。然而《前瞻計畫》提到立法院的時候，從來沒有在國發會正式討論審議過，到行政院也是經行政院「會」而不是行政院「會議」通過。

國發會主委被立委質詢的時候，對這些內容如何拼湊起來，也不明究理。而整本計畫的首頁，連負責單位是誰都沒有印。

總之，《前瞻計畫》及其法源《前瞻條例》產生的程序不明，甚至不合政府體制。

《前瞻計畫》厚達三百六十多頁，其中有關總體經濟效益的評估卻草草只有兩頁，並且內容空泛。

甚至，過去陳水扁政府、馬英九政府在此類擴大公共建設投資的特別條例中，都有追究官員疏失的「究責條款」，這次在相關的《前瞻條例》中也消失了。

這樣的《前瞻計畫》是花了多少時間準備出來的？後來政府承認第一版《前瞻計

畫》是花了三個月。而如果你覺得這很草率的話，等到新版四年四千億八個領域的《前瞻計畫》，在增加了少子化、食安、人才培育三大領域後，行政院更用了五個工作日就端了出來。

也因為如此，計畫內容之不足與漏洞很多，就可以想像。

至於內容的草率，有一個佐證。

是《前瞻計畫》剛提出不久的時候，有一份報告所指出來的。提出報告的單位不是在野黨，不是民間，而是立法院的幕僚單位「預算中心」。立法院預算中心所提出來的《前瞻計畫》第一期預算的評估報告，針對十一個問題列出提醒警語。

舉凡中央政府舉債規劃、中央與地方政府財政紀律、特別預算常態化、加強管控執行進度確保計畫如期完工、完工後營運管理的效益、其他可能浪費公帑情事的疑慮，都有列出。

而其中第四、六、七、八條尤其值得注意：

四、地方政府爭取前瞻基礎建設項目，允宜審酌財政狀況量力而為，並應遵守公

債法自償性債務之規定，以維財政紀律

六、以特別預算辦理各部會部分延續性計畫，致計畫經費分列總預算及特別預算，難窺整體計畫之執行全貌及效益，允宜建立併同管考機制

七、前瞻基礎建設計畫特別預算多為跨年度之重大投資計畫，允宜依預算法規定列明全部計畫內容、計畫期程、總經費及各年度分配額

八、為利政府整體資源得以妥善統籌分配運用，允宜謹慎評估規劃各項公共建設計畫，並應加強管控執行進度，以確保計畫如期完工。

最近議論很多的《前瞻計畫》把特別預算常規化的話題，早已列在其中。

綜觀以上，二〇一七年我看民進黨政府不理會任何反對聲音，一心趕他們的進度，把《前瞻條例》和《前瞻計畫》兩者在立法院都不做一個字修改就通過時，寫過文章指出：「權責單位不明、總體效益評估只有兩頁的情況下也敢送進立法院，還得到一路護航，根本就形同昭告全國公務員：政府決策破壞行政體制是沒有問題的；草率、浪費是沒有問題的；不理會民意是沒有問題的。」

在施政上，這預示了他們日後在許多其他事情上的傲慢。

破壞立法程序的傲慢

從馬英九政府時代就暴露的行政崩壞問題，政黨輪替由民進黨執政之後，本該藉由立法院監督而大刀潤斧整頓，然而民進黨卻復刻了國民黨威權時代行政、立法一條鞭的思維。

立法院功能之受到破壞，本來是國民黨威權時代為了擴大行政權所致。民進黨好不容易首次在國會過半，選前也強調要回歸委員會中心主義，結果以《前瞻條例》和《前瞻計畫》為代表，反而更進一步惡化。

惡化的原因是民進黨籍立法委員在國會過半數，而民進黨籍立委又在柯建銘黨鞭的揮舞下成了投票部隊，形同把立法院改變成行政院的立法局。

這件事情是國民黨政府從威權時代就有的發明，到馬英九政府時代還因為在《海峽兩岸服務貿易協議》（以下簡稱《服貿協議》）上想再上演一遍戲碼而摔過跤。

而民進黨完全執政，掌握了過半的國會後，又再度把立法院當成了給行政院圍事的小弟。民進黨立委在黨紀的壓力下，重新扮演國民黨時代被抨擊的投票部隊。少數民進黨立委有不同意見，就有黨鞭出來叱喝。

於是他一手護航《前瞻條例》在立法院委員會完全沒審查，行政院長及相關部會首長不必報告一個字，沒經討論一個字就出了委員會，造成《前瞻條例》這個法源成了亂源，後面的《前瞻計畫》也是如此。

還不只如此。

柯建銘的叱喝，不光是對民進黨立委，不光是對立法院其他黨派的立委，甚至連社會上任何有不同意見的人士也是。

當經民連發現《前瞻條例》在倉促立法中少了落日條款，因此緊急呼籲柯建銘坦承疏漏，待下次臨時會趕緊修正補漏的時候，柯建銘不但不肯聆聽，更把批評者說是「新民粹，不懂政策內容就隨意批評」，甚至連提醒他「認一下錯有那麼危險嗎」的前立委林濁水也包括了進去。

柯建銘完全忘了二〇〇八年他主張了什麼。當年馬英九政府通過《振興經濟消費券發放特別條例草案》送立院審議的時候，柯建銘批評沒訂落日期限，『是準備在未來選舉時再發一次』、『公然賄選』……立院已成『行政院的總務處』。」結果最後加上了落日條款。

《前瞻計畫》強行通過的時候，也是蔡英文總統說是要重視法治社會，召開司法國是會議之際。所以我當時也說：「如果連立法過程出現如此重大瑕疵都不求彌補，任由民進黨的立法院黨鞭帶頭狡言強辯，這有什麼重視法治社會的誠意？」

民進黨如此威風八面地主宰立法院，重演一些原本許多人以為早已應該隨國民黨下台而消失的戲碼。

二〇一四年引爆太陽花學運的，是國民黨立委張慶忠在在野黨的干擾之下，不走正常立法程序，逕行草草只花三十秒就自行宣布通過的「半分忠」事件。

民進黨全面執政後，毫不猶豫地以國民黨為師，在二〇一六年要修《勞基法》的時候上演「一分瑩」事件；二〇一七年要審查《前瞻條例》草案的時候上演「二十瑩」事件。

黃丞儀對柯建銘「一個字都不能改」的霸氣，有另一段印象。

上次政黨輪替，民進黨上臺之後，要推轉型正義的法案，先通過了《黨產條例》，然後促進轉型正義條例在立法院委員會討論。黃丞儀因為是臺灣民間真相與和解促進會的理事長而參與，目睹了儘管學者和有些立委都看出其中有條文不合理而需要修改，但柯建銘就是要一個字都不能動的堅持。後來是好不容易趁柯建銘暫時離席的當兒，大家趕緊做了修改，他回來才勉強同意。

「這麼沒有政治、經濟利益的法案，柯建銘都可以這麼堅持，其他可以想見。」黃丞儀說。

蔡英文政府不只忘記立法院對行政院該有的制衡與監督，讓行政機構因為立法院的護航而得到因循苟且的機會，也因為變本加厲地破壞立法程序來為行政部門護航，使這種行為常態化，結果變本加厲地破壞我們立國與立身之地：國家法治基礎。

後續出現的事不足為怪

因為這些傲慢，後來民進黨執政這幾年繼續出現許多為人詬病的問題，不足為怪。

事實上，二〇一八年的六都選舉，韓國瑜旋風出現，民進黨大敗，有一個重要因素就是所謂的「全民討厭民進黨」。只是因為敗得太慘，讓國民黨人人有取而代之的信心反而造成內鬨，加上韓國瑜結合對岸送的「芒果乾」大禮，才使得蔡英文不但連任，還創了得票紀錄。再度完全執政的民進黨政府忘記了之前的教訓，又持續其傲慢，在施政上繼續出現諸多問題，又讓在野有「全民下架民進黨」之說，到二〇二二年六都選舉又遭遇大敗。

黃國昌這幾年批評民進黨的各種問題火力全開。我問他如何歸納他看到民進黨執政的問題。

他提了主要四點：縱容黑道的囂張，一些立委和官員毫不顧忌自己與黑道的關係，連警界高層都和黑道一起出入而無忌憚；推動政策時，全都讓和自己有關係的人尋租，並且毫不顧吃相；以影響檢察官升遷的誘因影響司法體系；透過各種手段進行對媒體的掌控。

黃國昌特別以鏡電視案為例，指出連鏡電視自己三位董事、一位監事都承認申辦不符附款規定的時候，然而NCC仍然照樣給它通過執照的荒唐。

就許多支持民進黨者的角度，會說這些問題哪些不是過去國民黨執政的時代就有的。

之前國民黨不論是威權體制時代，還是李登輝、馬英九執政時代，黑金、貪腐、干涉司法、媒體遭受操弄的問題，的確都存在過。

「但是我們當年希望政黨輪替的目的是什麼？」黃國昌說，「蔡英文政府為什麼又要復刻國民黨時代所有這些問題？」

而伴隨著他問題的，其實還有另一個問題。

民進黨在第一次政黨輪替後，就因為陳水扁政府的貪腐而令人大失所望；第二次政黨輪替後，民進黨連續兩次在六都選舉，都因為施政傲慢而引發民意反彈，遭遇大敗的教訓，卻仍然不改的話，問題到底出在哪裡？

只是因為權力的腐蝕？

我自己認為還有一個更大的因素，有恃無恐。

而民進黨的有恃無恐，主要是國民黨提供給他們的。

二、國民黨的情況
民國八十年五月一日

很長一段時間，我想不通二〇一三年馬英九總統是為什麼那麼急切地想要通過《服貿協議》，非要把臺灣的經濟鎖進中國不可。

《服貿協議》內容的制定、和對岸簽約的安排，一切都保密到家。不只是在國民黨完全執政時期的國會把在野的民進黨立法委員蒙在鼓裡，連國民黨的立法委員也沒人知道；不但國民黨的立委不知道，連同黨的立院龍頭王金平都蒙在鼓裡。在上海的簽約時間和簽約內容，都是在簽後才對外公布。而到底誰要為《服貿協議》的內容和談判負責，一時也沒有人承認。

等到後來輿論大嘩，是馬英九總統親自上陣，帶著陸委會主委王郁琦四處滅火。堂堂中華民國總統，為什麼會這麼急切地非要臺灣與對岸簽下一張風險與爭議如此之大的協議？

後來，我想到答案應該從一九九一年五月一日找起。

那天是個常見的春日。雖然是星期三，但因為是五一勞動節假日，臺北街頭的人去看《沉默的羔羊》，留在家裡的人看三台的電視節目。

但那也是劃分歷史里程的一天。

當天，李登輝總統經國民大會諮請公告，廢止了施行四十三年之久的《動員戡亂時期臨時條款》。

《動員戡亂時期臨時條款》是國共內戰的產物。在國民政府遷台之後，一方面據以把臺灣和大陸界定為自由地區和匪區，成為剿匪、對付中共匪諜的法律依據，一方面也成為在臺灣實施威權統治的有力工具，瀰漫白色恐怖，同時也鎮壓臺灣本土意識的工具。

在臺灣民主化的過程裡，從一九八七年解除戒嚴令之後，到再廢止《動員戡亂時期臨時條款》，是必須的一步；有了這一步，次年再修正刑法第一百條，再配合警備總部這樣單位的改制，才全面奠定保護臺灣言論自由、基本人權的基石。

然而，《動員戡亂時期臨時條款》的廢止，也要搭配著另兩件事情看。

一個是在前一年出現的國統會，及當年二月出現的《國家統一綱領》。

《國統綱領》提出一個中國，兩個政治實體，把兩岸看作兩個政治實體，避談主權歸屬，而希望將來追求終極統一。

另一個，是在五月同時宣布撤裁的光復大陸設計委員會。

簡單說，國民黨李登輝黨主席主政下的中華民國政府，有別於過去兩蔣時代國民黨主政下的中華民國政府，一方面宣布了要和對岸進入國家統一的途徑和期程，另一方面也不再把對岸視之為動員戡亂時期的「匪區」，也不需要再「光復大陸」了。

隨著這個臨時條款的廢止，之前的「匪區」改名為「大陸地區」，不只不再需要「剿匪」，連「資匪」、「通匪」這些帽子也都跟著消失，對於大量過去長期習慣於反攻大陸、敵我不兩立的人來說，世界徹底改觀。

對國民黨，或所謂藍營的許多人來說，不再需要剿匪，對岸不再是「匪」而是可以經由談判而統一的對象之後，加上早已開放的探親、投資，大陸所承載的「中國」記憶和印象，血濃於水的說法，就產生不可抗拒的吸引力。

然而另一方面，隨著《動員戡亂時期臨時條款》廢止而啟動各種相關法律、機關的改變、言論和思想禁忌的解除，不論是基於歷史因素，還是基於社會價值觀和中國的差異，臺灣本土意識不可避免地日益抬頭，意識到需要和中國即使不是保持對立也要保持距離，並且想和中國人有清楚區分的臺灣人身分認同的人，也不可避免地越來越多。所以，從這個臨時條款的廢止開始，注定繼續以「統一」為目標的國民黨在臺灣會日益背離主流民意，越漂越遠。

看政大選舉研究中心所做的「臺灣人／中國人認同趨勢調查」，三十年的消長一目瞭然。

一九九二年，也就是民國八十一年，認同自己是臺灣人的比率是一六．七%；認同自己是中國人的是二五．五%；認同自己是臺灣人也是中國人的是四六．四%。合起來看，接受自己中國人身分的，佔了七一．九%。接受自己臺灣人身分的，是六三．一%。

但接下來，三種認同比率的消長對比，越來越明顯。到今年二〇二三年六月，認同自己是臺灣人的比率達到六二．八%；認同自己是中國人的降到二．五%；認同自己是臺灣人也是中國人的，則是三〇．五%。合起來，接受自己是臺灣人身分的，佔了九三．三%，接受自己是中國人身分的，是三三%。

但是許多國民黨人及其支持者，卻站上了另一端。

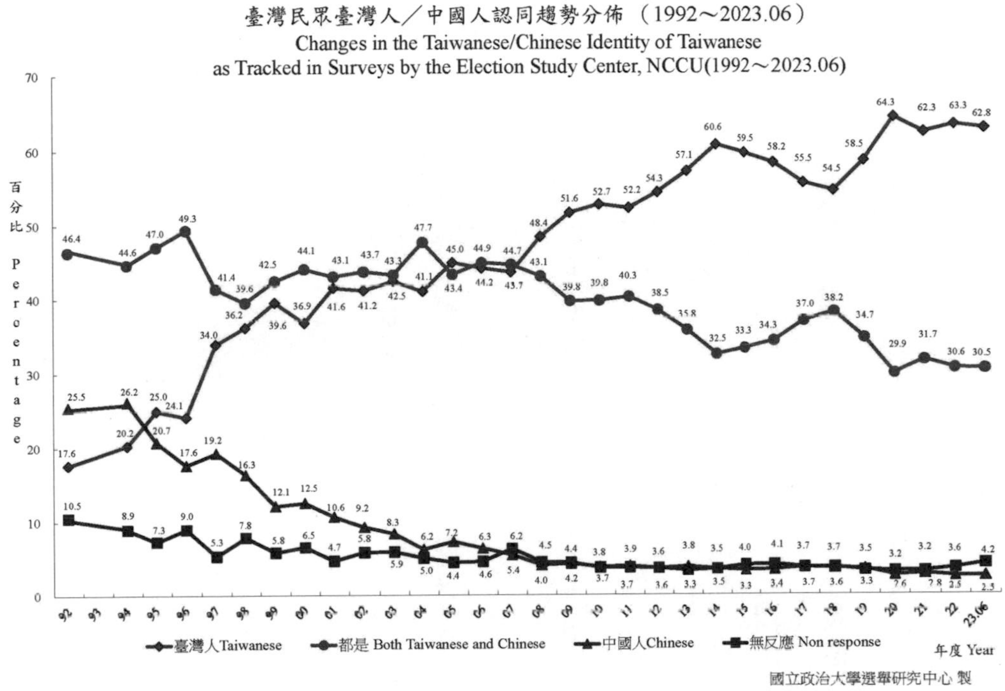

資料來源：國立政治大學選舉研究中心重要政治態度分布趨勢圖

在馬英九的努力之下

在一九九〇年國統會成立的時候，馬英九是國統會研究委員，想必對其後提出的《國統綱領》的擬定參與很多。眼看國統會和《國統綱領》都在民進黨陳水扁任上廢止，臺灣主流的國家認同意識又和他當年參與設計的方向越來越遠，以他為代表的許多國民黨人感受到的衝擊和焦慮可以想見。

二〇〇〇年第一次政黨輪替，國民黨交出政權，當時擔任陸委會主委的蘇起在卸任前提出「九二共識」的說法。蘇起之所以要在距一九九二年八年之後才提出「九二共識」的說法，很可能就是在參與《國統綱領》設計的國民黨人眼見政權輪替，又預見在民進黨主政下《國統綱領》可能被廢止的風險，而提出不同名稱的論述。這樣，等將來即使有《國統綱領》被廢止的一天（六年後也的確發生），他們仍然有一個對兩岸關係的論述，和對岸來往的依據。這可以說是國民黨另類版的「《國統綱領》」。

而馬英九在二〇〇八年當選總統後，想要從施政上實踐這個論述，力挽狂瀾。馬英九當選總統後，不顧如果再多一些談判可以為臺灣爭取到更好的條件，就立即大開兩岸三通；二〇〇九年就提出ECFA（《海峽兩岸經濟合作架構協議》）並在次年與對岸簽約；二〇一三年在拚經濟屢不見效之下，企圖把臺灣經濟和中國緊密結合，簽下《服貿協議》；同年啟動自經區並企圖開放中資進入；二〇一五年甚至準備開放中國紫光集團來臺灣「買下台積電、合併聯發科」。

馬英九這些越來越毫不顧忌把臺灣鎖進中國的政策，都是因為《動員戡亂時期臨時條款》廢止，對岸不再是「匪區」而成為「大陸地區」之後，他心中就少了對對岸應有的戒心和警醒，一心努力要把臺灣地區和大陸地區緊密結合。

如果《動員戡亂時期臨時條款》還在，學法律的馬英九應該就不會說他都是依照中華民國憲法行事，他會想到他在做的事情就是資匪、通匪了。

然而，國民黨人忘了一件事：他們廢止了《動員戡亂時期臨時條款》，他們不再稱呼對岸為「匪區」，他們認為從此可以和對岸來往，可以透過坐下來談判將來追求統一，但是一九四九年把他們大江南北一路追殺到臺灣的共產黨人又怎麼想呢？

如果他們也有一個類似《動員戡亂時期臨時條款》的東西，在當時也同時廢止了，那還可以多少說表露了同樣的意圖。還比較可以說是有共識。

但可惜他們沒有。

而中國共產黨沒有，並不是說他們沒把國民黨當敵手，沒有把臺灣當「匪區」，而是他們認為中華民國早已滅亡了，不存在了。都已經滅亡、不存在的對手，不需要有個法律來對付。

他們不會忘記的，應該還是毛澤東那句「宜將剩勇追窮寇，不可沽名學霸王」。

不懂共產黨的心

二〇〇五年，連戰破冰之旅，去了南京進謁中山陵，「連爺爺」得到熱情歡呼。後來我去北京，和朋友聊天問到中國人的實際反應是什麼。他說是真熱烈，據他所知，在路旁歡迎連戰的民眾裡，有人還偷偷掀開衣襟，露出裡面的國民黨證給連戰看。

「你知道這是什麼心理嗎？」他問我。「這就像是家產被小兒子霸佔，流浪在外多年的大兒子終於回家了，歡迎他的那些人的感受。」

他是個對中共歷史研究很深的人，跟我說，「只要中華民國還在，中共就免不了自己是個僭主的心理陰影。」

中華民國不再把對岸視之為匪區，卻始終沒法換來對岸也承認中華民國的存在，第一個原因就在這裡。

這是中共心底對自己「竊國」的心虛。中共對中華民國有如此深固的忌憚，只要中華民國還存在，危險就尚未消除，這場內戰就尚未結束。

第二，兩蔣還主政的國民黨執政時期，兩岸儘管意識型態不同，但是還有共通點：極權和威權相近的政治與社會體制。而臺灣解除戒嚴、廢止動員戡亂條例，成功地轉型為民主社會之後，從此兩岸民主和極權兩種不同的政治與社會體制徹底相反。

所以中華民國和臺灣的存在，本身就對中共產生根本的威脅。在有同樣文化源流、共同語言背景的對照下，中共擔心中華民國在臺灣所實踐的民主成果，會成為對他們造成「和平演變」的威脅。

如何消滅中華民國，「統一」臺灣，本來就是任何中共的當政者都不會放棄的目標。

到習近平上台後，他的決心會更堅強的理由，不難想見。

習近平是文革出身的官二代。而文化大革命之發生，起源就是當時的官二代有感於自己父祖輩完成了所有近代中國的大事，包括趕走國民黨、打贏抗美援朝戰爭，所以自己也想要有所作為。因而，在文革時代成長的習近平一定有不同於江澤民、胡錦濤等人，更想要統一臺灣，消滅中華民國的渴望。這不只是完成他畢生功業的夢想，也可以讓他睥睨中共所有前輩領導人。

歷代中共領導人都說他們要保留對臺灣動武的可能，是為了對付台獨。但那只是聲東擊西的說法。

一九九六年，歷史學者余英時在一篇文章裡就說得非常清楚：「中共向臺灣內部進行挑撥離間的主要策略是將『臺灣獨立』的概念加以無限的擴大……中共當局認為主張『臺灣獨立』的人是『小台獨』，而沿用中華民國國號的國民黨則是『大台獨』（其實民進黨也早已沿用中華民國國號）。」

然而即使說得這麼清楚，但是將近三十年來，以馬英九為代表的許多國民黨人卻始終看不清。

中共的根本目的雖然在消滅中華民國，但為企圖拉攏、掌握那些自以為《動員戡亂條例》廢除之後兩岸就自動和平、血濃於水的統派，就兩手策略。一手號稱堅決反對的是台獨，不惜發動戰爭的對象是台獨分子；一手絕不給中華民國在國際上任何空間。

國民黨人認為自己排拒台獨，所以是可以和中共對話的，和平相處的。但他們應該想到，中共如果真正不想看到的只是「台獨」，那就應該給中華民國空間。而事實上連對他們最「有善意」的馬英九，在卸任後要出國演講，中共都不給他任何借「中華民國前總統」露面的空間。

二〇一六年馬英九卸任後首度出訪馬來西亞，參加世界華人經濟峰會遭到打壓。他不只自製了標示「中華民國前總統」胸牌進場，事後也表達抗議，取消原訂媒體茶敘，自己舉行記者會，明白講出這是因為中共駐馬來西亞大使館介入所造成的風波，並說他不理解過去八年主政時期向對岸釋出這麼多善意，卸任後還遭到如此打壓，對岸到底是釋出什麼樣的訊息。

七年之後，二〇二三年他去希臘參加「德爾菲經濟論壇」，又是同樣遭遇。只是這次他在希臘不但接受「臺北前領導人」的頭銜，沒有對中共抗議，最重要的發言還是在國外公開指責自己國家現任總統。

擔任過中華民國總統的馬英九，為什麼對中共對中華民國的敵意如此麻木不仁，外人無從得知。但或許：馬英九自己心中是十分清楚中華民國在對岸心中早已滅亡，甚至，他自己心中也承認了這種滅亡。

從《熱河日記》看陳雲林事件

一七八〇年，清朝乾隆四十五年，當時李氏朝鮮派了個「入燕使節團」去中國祝賀乾隆皇帝七十大壽。使節團裡有個隨行人員朴趾源，紀錄了從那年六月下旬渡過鴨綠江開始，到八月底到達熱河，再回北京的五十七天見聞，是為《熱河日記》，成為後來要研究中國當時政經、文化、生活情況的重要經典。

《熱河日記》開篇是〈渡江錄〉。〈渡江錄〉的第一句話是「後三庚子，我聖上四年」。

「我聖上四年」說的是那年是朝鮮正祖四年。庚子年是說那年是庚子年。但為什麼說「後三庚子」？

這句話的意思是，「那年之後的第三個庚子年」。

哪一年？明朝崇禎皇帝自縊於煤山的那一年。

因為李氏朝鮮自認是明朝的屬國，瞧不起奪取了中原的滿族人，心裡供奉著明朝又不能明著說，所以朴趾源在寫這本書的時候，要紀念中斷的明朝正朔，又不敢明

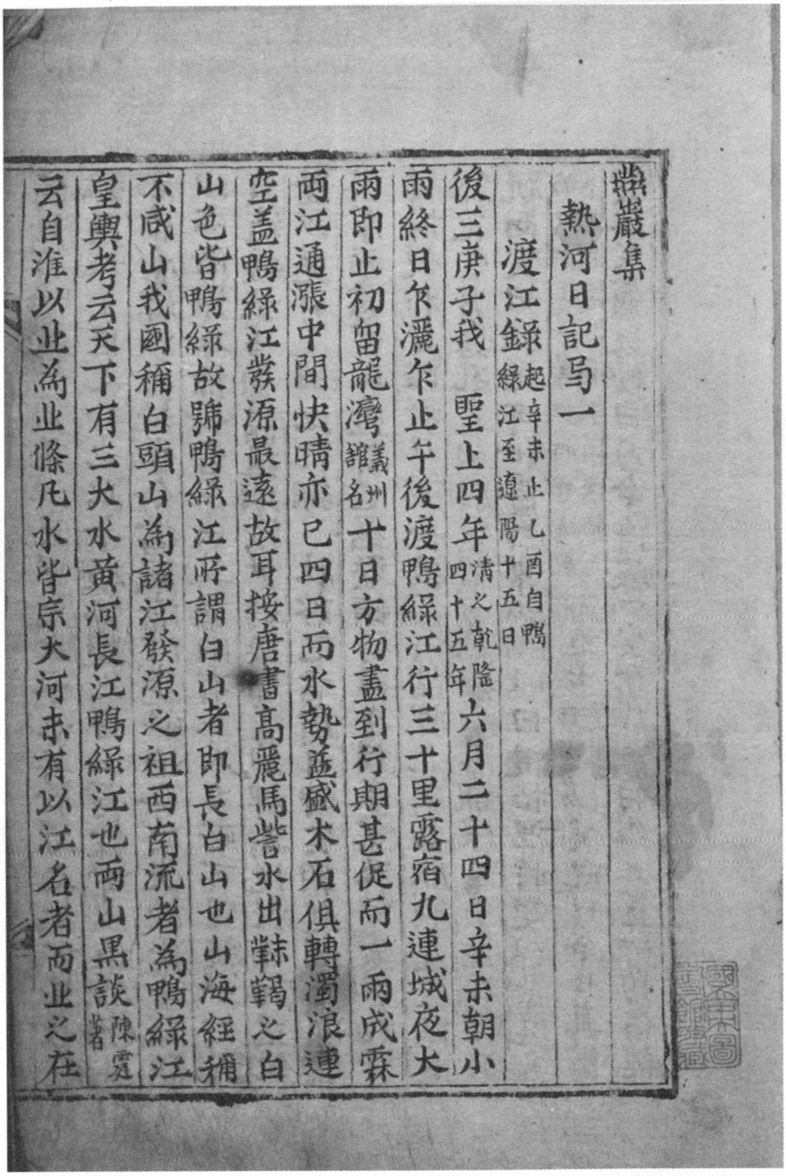

燕巖集

熱河日記卷一

渡江錄 起辛未止乙酉自鴨綠江至遼陽十五日

後三庚子我 聖上四年 清乾隆四十五年 六月二十四日辛未朝小雨終日乍灑乍止午後渡鴨綠江行三十里露宿九連城夜大雨即止初留龍灣 義州館名 十日方物盡到行期甚促而一雨成霖兩江通漲中間快晴亦已四日而水勢益盛木石俱轉濁浪連空蓋鴨綠江發源最遠故耳按唐書高麗馬訾水出靺鞨之白山色皆鴨綠故號鴨綠江所謂白山者即長白山也山海經稱不咸山我國稱白頭山白頭山為諸江發源之祖西南流者為鴨綠江皇輿考云天下有三大水黃河長江鴨綠江也兩山墨談 陳霆著 云自淮以北為北條凡水皆宗大河未有以江名者而北之在

《熱河日記》，朴趾源 著，一七八〇年。國家圖書館典藏。

寫那是崇禎十七年之後的第三個庚子年，只得寫「後三庚子」。

不敢明寫自己國家年號，就是心裡接受了已經亡國的事實。

中國共產黨自認已經消滅了中華民國，不肯承認中華民國的存在，不肯承認中華民國年號，是可以理解的。

但是一直自視為延續中華民國國祚的國民黨；一直鼓勵民眾在臺灣揮舞中華民國國旗、喊中華民國國號的國民黨；在動員戡亂時期一心光復大陸，收復匪區的國民黨，在《動員戡亂時期臨時條款》廢止後不把共產黨當勢不兩立的敵人看倒罷了，自從和共產黨開始有來往，更連中華民國的年號都不敢講出來，主動有了亡國之民的心態。

從連戰破冰之旅開始，國民黨高官去中國都免不了去南京謁陵的重頭戲。每次隨同的臺灣媒體，都免不了緊盯一件事：此行高官大員有沒有趁著和對岸官員來往，或謁陵的過程中設法在中華人民共和國官員面前講出「中華民國」四個字。看看誰有那個勇氣。

很可惜讓他們失望的是：到二〇二三年三月底，馬英九訪問中國之前，沒有任何國民黨重要人物在中國境內期間從口中吐出過「中華民國」四個字。而馬英九雖然說了，但也不過是在他湖南祭祖的過程中，喃喃自語地說他「兩次當選中華民國總統」以告祖先。

事後支持他的人大誇這是莫大突破。

然而，馬英九在祭祖文說了什麼，是他私人的事，也不會是中國媒體會報導的事，所以說了也沒有任何意義。

所有媒體報導最大的，還是馬英九去中山陵的時候說了什麼，做了什麼。他在中山陵題字的場面，才是重頭戲。

而他在落款的時候，和所有過去國民黨高官大員做的一樣，只寫了「一一二年」的時間，沒有寫「民國一一二年」。不敢提「民國」，和朴趾源不敢提「崇禎」都是同樣的心理，就是承認了亡國。只有亡國的人，才在滅了你國家的人面前不敢提自己國家的年號和時間。

也許有人會說，到了中國大陸，要客隨主便，給對方面子，所以沒法提「民國」、「中華民國」。

那歷年來中國國民黨和中國共產黨有新的領導人出現，互相恭喜對方的時候呢？為什麼每一任國民黨黨主席寫民國年祚的時候都是只寫哪一年，卻漏掉「民國」兩個字呢？

如果說書信往來也要顧及禮貌，不想刺激對方所以才漏掉，那二〇〇八年十一月中國海協會會長陳雲林第一次來台的時候，馬英九政府清除臺北路上還在慶祝中華民國國慶的國旗，連路上手持國旗的民眾也被警察驅逐產生衝突呢？兩岸官員來往，在中國大陸是主場的時候，「中華民國」見不了光是一回事；來到臺灣是主場的時候，自己也把「中華民國」消聲匿跡，這不是亡國心態是什麼？

最令人扼腕的，是馬英九在臺北賓館接見陳雲林的時候。事先媒體紛紛揣測到底會不會接見；如果接見的話，會不會以中華民國總統接見。

國民黨有人透露的消息是：不以中華民國總統的身分見，用什麼見？

然而，結果以身為總統又在臺北主場可以控制一切進行細節的時候，馬英九不但仍然只讓陳雲林以「馬先生」相稱，更從頭到尾沒把握機會，讓陳雲林在現場聽到

「中華民國」四個字。

不是亡國心態作祟，是什麼？

抗議國民黨政府處理陳雲林來台經過的不當，不只引發野草莓學運，還有一位七十九歲的退休老師劉柏煙從南投上來，抗議國民黨政府在陳雲林面前的卑躬屈膝而自焚。

劉柏煙在民國三十九年就加入國民黨，當時黨齡有五十八年。他自焚前留下的抗議書裡，對馬英九說：「陳雲林跟總統見面時，用手指著總統說你、你、你，我看，總統很高興的樣子……我做國民黨黨員的，看了很慚愧，如果大陸派更上一級的來，總統不就要跪下來了嗎？」

連馬英九在臺灣聲勢如日中天的高峰，連在臺北擁有全程主場優勢的時候，國民黨都可以讓「中華民國」四個字在中國共產黨官員面前噤聲消跡，馬英九之後的國民黨主席和政治人物，就更不必說了。

這樣國民黨還能說他們是中華民國的捍衛者，其實是有些奇怪的。

劉柏煙的抗議書也可以給所有其他國民黨大員看一看。

不把臺灣安危放在心上的《服貿協議》

如果說馬英九政府在陳雲林事件上呈現的問題是，毫不把中華民國的尊嚴放在心上；那他們在《服貿協議》事件上呈現的問題就是，毫不把臺灣的安危放在心上。

十年後，先簡要地回顧這個協議出現的時空背景。

二〇一三年馬英九政府急於和中國簽署《服貿協議》，除了前述他的政治認知之外，也因為他在施政成績上需要有「拚經濟」的表現。

偏偏，過去臺灣以「拚出口」帶動的傳統模式行不通了。

二〇〇八年華爾街金融風暴導致全球景氣進入低迷。馬英九政府上台後，傳統的刺激出口政策不見其效，結果是不但經濟成長率連續走低，還讓既得利益的產業和企業享盡好處，拉大貧富差距。國內薪資水準持續低滯之下，後期甚至倒退到比十六年前還低。其中在他任內發端的二十二K，尤其對年輕人影響重大。

不只臺灣，我們重要的競爭對手韓國也同樣面臨經濟需要突破困境的難題。

相對於全球經濟自二〇〇八年後的走低，中國經濟則從二〇〇八年的北京奧運後一路走高，二〇一〇年GDP超越日本，成為僅次於美國的全球第二大經濟體。臺灣許多產業、企業都急於趕搭西進中國的列車，社會上充滿各種鼓勵年輕人到中國尋找機會的聲音，「通往紐約最近的路在北京」的說法不絕於耳。

也就在這種情況下，馬英九政府相信在連戰去中國的破冰之旅之後，國民黨可以打一張只有他們打得好的牌：和中國經濟掛鉤。透過中國的某些讓利，他們可以向臺灣人民拿出一張國民黨比民進黨更能分享中國經濟成長紅利的說帖。

於是，馬英九政府在第一任就迅速和中國簽訂了ECFA，並嘗到早收清單裡中國「讓利」的甜頭之後，連任之後就端出了《服貿協議》，想要從中國那裡取得發展經濟的新養分。

他們忘了：天下沒有白吃的午餐。中共即使對國民黨主政的政府真有所謂的讓利，那也是包含在他們把兩岸從炮彈轉為銀彈戰爭的整體戰略之內。

而心中再也沒把對岸當「匪區」看的馬英九，當然想不到這些。他始終沒意識到兩岸早已經從砲彈戰爭走進銀彈戰爭，或者說沒放在心上。

《服貿協議》對臺灣的危害

二〇〇一年諾貝爾經濟學獎得主史迪格里茲（Joseph E. Stiglitz）寫過一篇文章。事實上起自於西方的許多所謂「自由貿易」之名的談判與協議，都是為了強化強勢一方的主控，成其特殊利益。因此談判的時候要注意三大要務：

第一，要對等。

第二，不能讓商業利益置之於更高的國家利益之前。

第三，要透明公開。

二〇一三年馬英九政府簽署《服貿協議》引發巨大爭議，正好違反了史迪格里茲說的這三個原則，給國家帶來不同層次的破壞和危害。

第一，兩岸政策，攸關存亡。不只是不能讓商業利益置之於國家利益之前，更不能為了拚經濟或創造政績，而罔顧國家安全。

臺灣要打交道的中國，並不是一般WTO的簽約國，而是一個當時就有上千顆飛彈瞄準臺灣的對方，是一個對臺灣可能炮彈、銀彈左右手交互使用的對方。

因此，臺灣要和中國簽署任何商業協議，不能只是沿用和其他國際社會來往的「開放」概念，必須把協議裡涉及的產業其實也是「經濟與銀彈戰爭」的戰場這件事情放在心上。也因此，政府在進行《服貿協議》的談判之前，不但要做「產業衝擊評估」，更要做「社會衝擊影響評估」、「國家安全衝擊影響評估」。而馬英九政府在《服貿協議》完全黑箱化的過程裡，對這些該做的評估都沒做。

事實上，在後來全民的檢視下，《服貿協議》中臺灣開放了許多基於國家安全不該開放的項目。

第二，黑箱作業的過程，不只錯亂了政府體制，也破壞了國家法治程序和基礎。《服貿協議》裡，臺灣當時開放的六十四個產業領域，影響到的GDP是七〇%，涉及五百萬工作人員。範圍如此之大，影響如此深遠的產業談判，馬英九總統及身邊少數幾人掩藏在最深的黑箱之中。

馬英九政府不但跳過許多該做的影響評估，事前對內容，甚至連簽約時間、地點都保密到家。不但在野的民進黨立法委員被蒙在鼓裡，甚至連執政的國民黨立委及立法院長王金平，都是在簽約後才知道到底包括了哪些行業和什麼內容。所以等到輿論大嘩之後，連控制了立法院半數席次以上的國民黨立委也不肯支持《服貿協議》馬上生效，相當於為反服貿運動添加了柴火。

第三，忽視兩岸個別產業的不對等性，許多「利大於弊」其實是「弊大於利」。先看《服貿協議》本身的效益。冒著對臺灣國安及經濟巨大的風險，到底對臺灣有什麼好處，馬英九政府開始的時候都是以籠統的「利大於弊」來回應，然而事實上連經濟部事後委託中經院自己做的評估，《服貿協議》整體有助於臺灣經濟成長的幅度都不過是〇・〇二五到〇・〇三四%。

至於各個產業個別的情況，不利的情況就更不一而足。

基本上，馬英九政府的說帖，就是開放臺灣的市場，可以換來我們開拓中國市場的機會。

以我熟悉的出版上下游產業來說，那是不可能的。從一九八〇年代末開始，臺灣出版業者在中國各展神通，始終看不到任何開放的機會。中共是以宣傳起家，對出版是意識型態戰爭的最重要戰線，有深刻的認識。他們在改革開放之後，歡迎任何行業進入中國，就是從不放鬆對出版的管制。反而是臺灣的門戶洞開之後，會讓對岸出版集團的資源或直接投資，或間接找到代理人，而對臺灣由普遍小型公司構成的出版生態造成巨大的衝擊。

《服貿協議》還沒有生效之前，因為兩岸三通而產生的相互旅遊熱，就已經讓臺灣業者感受到中國旅遊集團巨大的一條龍作業的威力，連陸客來臺灣必去高雄購買鑽石的商店，事實上都已經是中國旅遊業在臺灣的分身所開。一旦《服貿協議》生效，其結果可想而知。

即使是表面看來不涉及國安，只和日常生活相關的行業，如美髮、洗衣、餐飲，由於兩岸的語言、文化和生活習俗相通，一旦開放，以當時設定的投資門檻只有五十萬美元而言，很可能吸引大量中國人前來投資、就業，其結果會對臺灣這些民生行業產生巨大的衝擊。並且也不能排除許多人以投資、就業之名來台，進一步再演變為移民的風險。

至於臺灣的一些產業要去中國投資，遭遇的門檻不但有商業上的，也有政治上的。

以提供跨境服務的電子商務來說，不論《服貿協議》是否生效，淘寶做臺灣人生意的機會，一點不受影響，都可以隔海賺錢；而《服貿協議》雖然表面給了臺灣像PCHome等電子商務公司做中國人生意的機會，但必須先去福建落地開公司才能經營，業者還必須簽署「年檢承諾書」，承諾不提供「破壞國家統一」或「破壞民族團結」或「破壞社會穩定」的服務，未來才可能得到在全中國範圍內經營的ＩＣＰ許可證。

所以當時台大經濟系教授林向愷就說，「未來臺灣電子商務業赴中設立商業據點後，為通過ＩＣＰ年度檢查將形成親中利益集團，更因自我設限與自我檢查而限縮臺灣社會言論自由。」

對人民執意的欺騙

二〇一三年六月二十一日《服貿協議》簽訂之後，民間反對、質疑聲浪一波波起來，事前被蒙在鼓裡的國民黨立委也心有不爽，當時他們的心情，在三個月後賴士葆交接黨鞭的時候說的話可能最清楚：「行政部門老是在上游拉屎，底下清都清不乾淨，還嫌我們清得姿勢不好。」

在這樣的背景下，國民黨立委在立法院也不肯立即全盤護航，結果在立院席次超過半數之下不但沒有讓《服貿協議》備查生效，連包裹審查、表決也沒堅持，最後和民進黨立委朝野協商後達成「同意強制逐條審查並且表決通過，並且未經實質審查通過前協議不得啟動生效」。

然而不論接下來民間抗議的聲音如何多元，馬英九政府的官員總想把問題給標籤化，把《服貿協議》造成的爭議簡化為藍綠對立。

當時的經建會主委管中閔，為《服貿協議》護航的說法很有代表性。

管中閔是馬英九政府官員裡第一個承認當他還是政務委員的時候看過《服貿協議》內容的人。他認為《服貿協議》卡關，主要是在野黨卡關，所以「某些政治人物要認清大局、要識大體」。

管中閔的說法是：如果《服貿協議》簽下去了都可以事後不認帳的話，那未來還怎麼面對其他國家簽貿易協議？「未來TPP（跨太平洋夥伴協議）也不用談了。」到那年九月，《服貿協議》在社會各界反對聲浪中卡關立法院，馬英九開除王金平國民黨籍，政爭來到高潮之際，一位計程車司機抗議自殺，媒體問管中閔的看法，他回答「連我都要自殺了」也是令人難忘。

至於馬英九總統自己本人，更是經常把美國在參與籌組的TPP和另一個中國參與籌組的RCEP（區域全面經濟夥伴協定）相提並論。

總之，他們的論述就是：臺灣要加入區域經濟貿易協定很難，和中國簽訂《服貿協議》之後，中國才有可能協助臺灣加入RCEP、TPP。

其實，RCEP是中國為了擴張在東南亞的影響力而主導設立，沒有納入美國；而TPP正是美國為了反制中國，所以要另外主導設立。

所以臺灣是否能加入ＴＰＰ，和是否先和中國簽訂《服貿協議》毫無關係。甚至當時副總統蕭萬長有一次還說，臺灣是可能有助於中國加入ＴＰＰ的。

然而馬英九總統一直把這種說法持續到二〇一四年三月，宣稱兩岸《服貿協議》如果無法通過，會影響中華民國參與ＴＰＰ。

但是到了四月，先是美國在台協會發言人金明對臺灣媒體表示：兩岸《服貿協議》爭議與ＴＰＰ沒有直接關聯；再來是美國ＡＰＥＣ資深官員王曉岷表示：ＥＣＦＡ和加入ＴＰＰ沒有關係，「我們只會問你要開放哪些市場，不是問你對大陸開放哪些市場。」

至於ＲＣＥＰ，當然不只當時馬英九政府的官員說中國可以發揮影響力幫助臺灣加入，時間過去十年之後，今天藍營有些在媒體上活躍的人也繼續提出這種說法。他們完全不想一想，從中華人民共和國絕不給中華民國任何國際上的活動空間來看，臺灣是否和中國簽訂《服貿協議》，不可能改變他們這種國策方向。

馬英九在卸任總統後連首度出訪馬來西亞參加一個論壇都遭到打壓，讓他舉行記者會抗議，就知道當年他們期望中國會幫助臺灣正式進入ＲＣＥＰ這種組織屬於多大的空想。

只是時到今天都有國民黨的人還仍然想向人民推銷。甚至還不分藍白，都想在十年之後重啟服貿。十年之前，服貿都對台灣的國家安全產生巨大風險；十年之後在對岸武嚇如此頻繁之際，當然更沒有重提的理由。除非一心樂於顛覆自己的國家。

失去論述能力

我訪問林濁水的時候。他談到過去威權時期，兩蔣治理臺灣的邏輯。基本上治理中央和地方是分開來兩套不同的思路。地方上是容忍甚至鼓勵黑金勢力。在地的力量有黑道背景，還正可以用來對付黨外反對力量。

在中央，則培養菁英，提供治國的論述。菁英不需要參與選舉。但他們不容忍地方的力量來涉足中央。所以當年蔡辰洲當選立委之後搞十三兄弟，會讓蔣經國動手，爆發十信案。

我聽著林濁水談話，回想起當年國民黨在地方上容忍、結合黑道勢力的代表。一九九四年，屏東縣國民黨籍議長鄭太吉靠著賄選當選之後，不只控制議會與媒體，甚至敢以「行刑隊槍決」方式公開殺人。

由林濁水的分析，可以看出國民黨有一個情況，就是國民黨中央的菁英，不懂地方；而地方的菁英，就是代表地方勢力，沒有國家論述。兩者之間的聯結點，則是省政府。

由林濁水的觀點，就可以把廢省之後的國民黨，尤其二〇〇〇年第一次政黨輪替之後國民黨日益深陷的困境，看得很清楚了。國民黨中央級的菁英，失去政權，也失去了國家論述的能力。而他們失去國家論述能力的根本原因，就在於廢止動員戡亂條例之後產生的認知混亂。

動員戡亂時期，分裂中華民國國土的敵人有兩個：一是佔據對岸的中共叛亂分子，一是要把臺灣獨立出去的台獨分子。而廢止動員戡亂條例之後，隨著對岸不再是「匪區」，中共也不再是分裂國土的叛亂分子之後，剩下唯一的分裂國土的敵人，是台獨分子。

國民黨菁英努力用「九二共識」接續被廢止的《國統綱領》，讓自己繼續有平等對待「大陸地區」和「臺灣地區」的立足點。但「大陸地區」已經不存在分離國土的叛亂分子，反而是「臺灣地區」還有刺目的分裂國土的叛亂分子——台獨。不只如此，由於對台獨的過敏，他們又把真正基本教義的「台獨」、曾經有過台獨黨綱的「民進黨」，以及民間日益高漲的「臺灣本土意識」三者混淆在一起。

其結果，就是國民黨負責國家論述的菁英把臺灣本土意識的大旗憑白送給了民進黨。

而他們越覺得要有別於民進黨高舉「九二共識」的大旗，言行、心態就越傾向於「大陸地區」，離臺灣主流民意越遠。越遠，他們就越相信自己要更堅持「九二共識」。

他們一直以為自己是失去政權而失去國家論述的機會，卻不反省自己是因為失去了國家論述的能力而失去重新拿回政權的能力。

而民進黨就是吃定了這一點，才可以在中央政府級的選舉上一再利用臺灣本土意識大旗擊敗國民黨。

最顯眼的芒果乾，也許是北京送來的。然而即使北京不送，國民黨自己也會生產源源不絕的芒果乾。

侯友宜以他個人的例子清楚地呈現國民黨中央和地方菁英割裂的情況。他本來是地方型的菁英，不是黑道但卻有「知黑」的能力。並且以走出不同於傳統國民黨的路線而樹立自己的特色和在新北的支持度。

然而一旦成為總統候選人，就馬上曝露出自己缺乏國家論述、治國論述的弱點。他只能接受國民黨原來中央菁英設定給他的論述。於是從他口中原本迴避的九二共識講出來了，一直反對的核四也支持了。結果呈現人設大混亂。

侯友宜清楚體現國民黨地方菁英一旦面臨國家論述及相應的中央政府治理課題的窘境。

也失去制衡能力

國民黨不只失去了想成為執政黨的國家主權的論述，治理國家的政策論述，也沒有成為在野黨的制衡能力。

彭揚凱說：馬英九政府時代，民進黨在居住政策上是稱職的在野黨。例如社會住宅會成為公共議題，就是二〇一〇年民進黨率先表態。隔年馬英九在連任的選舉壓力下，就對立委下了軍令狀通過平均地權條例第一次修正。

但是彭揚凱說：「在居住政策上，國民黨是個失職的在野黨，沒有任何主張，連時力、民眾黨都比不上。」

而國民黨沒有制衡能力之後，只能看民進黨在居住政策上愛什麼時候過就什麼時候過。

《前瞻條例》和《前瞻計畫》的時候，更可以細部看出他們的問題。

《前瞻條例》送進立法院之後，在委員會和二讀，曾經有兩次機會；《前瞻計畫》也是在委員會和二讀，有兩次機會，合計四次機會可以多少阻擋民進黨的蠻橫。

但他們四次機會都沒有能力阻擋任何一步。

《前瞻條例》在立法院委員會的時候，國民黨立委唱作俱佳，說是抵制，說是武場，結果樂得讓民進黨順水推舟、行政官員輕鬆無事，最後讓《前瞻條例》在委員會沒經一個字討論，就進了黨團協商階段。黨團協商之後，進了二讀階段，配合民進黨演出「古有朝三暮四，今有八八四四」的戲碼，被人當猴子耍，柯建銘順利達成三天完成立法的目標。

當時我說國民黨做不到抓大放小，做不到抓小放大，做成了「抓零放大」。

《前瞻條例》通過之後，行政院花了兩天把《前瞻計畫》送進立法院，國民黨立委說是IN起來了，又是潑水，又是巴掌，這次武場鬧得更大，林全上不了台，振奮了支持者的心，說是這樣就對了。

可是民進黨直接把《前瞻計畫》送進委員會之後，國民黨立委才剛說蘇嘉全違法、立法院永無寧日、永遠關閉與柯建銘協商大門，本來讓人以為要武場到底，卻要文場起來了，要和民進黨爭召委審預算，結果民進黨又把議事推進到詢答階段，並且再度定出四天出委員會的目標。最後仍然是最該接受質詢的行政院長林全不必講一句話就飄然遠去。

國民黨立委完全沒提《前瞻計畫》裡爭議最大的，他們之前嚷嚷著說要刪的「軌道建設」。

所以我說國民黨立委一再重演戲碼。「潑水根本是放水，巴掌根本是護航。」

國民黨常說民進黨鴨霸，卻沒想到是自己的無能才縱容了民進黨的鴨霸。

失敗失到失去了價值觀

除了失去國家論述能力和政黨制衡能力，我想找一位對國民黨內部文化有觀察的人來問他們最大的問題是什麼，因此訪問了前任親民黨文宣部副主委吳崑玉。吳崑玉簡潔地用張靈甫的一句話來回答。張靈甫是國民黨抗日名將，最後在孟良崮之役中共的圍攻下自殺身亡：

「勇者任其自進，怯者任其裹足，犧牲者犧牲而已，機巧者自以為得志。賞難盡明，罰每欠當，彼此多存觀望，難得合作，各自為謀，同床異夢。」

在兩蔣時代，這可能是在強人政治加上宮廷政治雙重影響下，各人爭寵的產物。到了民主時代，尤其在始終沒有國家論述能力也沒有政黨制衡能力之後，我認為這種情還繼續存在的話，那是失去領導中心也失去價值觀、價值觀混亂的產物。

二〇二二年六都選舉的新竹市長之役，是個代表。

在國民黨的候選人林耕仁好不容易因為揭發高虹安的種種問題而開始越來越受到注目，民調也開始追上來的時候，國民黨卻只因為沒有勝選的把握，就任憑科技富豪出面施加壓力，結果林耕仁只得停止追擊不說，到了選舉最後關頭更上演令人瞠目結舌的戲碼。

不只是黨主席朱立倫在棄保考慮下把林耕仁當棄兒，新竹市國民黨副議長余邦彥在投票前夕更公開跑到高虹安的場子喊支持。不要說遭受同黨同志背叛的林耕仁感受如何，連旁觀的人都不知該如何形容國民黨這種荒唐演出。

對這種祭出多少黨紀處分都不為過的行為，朱立倫不只輕描淡寫，還坐視同黨同志在選後為了正當化他們的行為，放話林耕仁是民進黨派來的臥底、民進黨的側翼。

真是「勇者任其自進，怯者任其裹足，犧牲者犧牲」。

真是「各自為謀，同床異夢」。

國民黨踐踏的不只是他們自己同志，也踐踏了民主政治的底線。

政黨政治，本來就是無論勝負如何，全黨支持自己推出的候選人。

在去年的新竹市長選舉上，國民黨卻只因為想要下架民進黨，就完全忘了自己是百年大黨，在臺灣起表面上是動見觀瞻的最大在野黨，背棄自己黨的候選人，公開踐踏政黨政治的底線。

這也是踐踏民主政治的界線。

國民黨失敗失到失去了價值觀。

三、柯文哲的情況
賭爛票和年輕票

在許多政治人物身上都可以看到言語前後矛盾，立場搖擺的毛病。你可以說柯文哲也只是其中之一。

但柯文哲還是有一點和其他人不同。他前後矛盾、自我打臉的次數是如此之頻繁。臉書上有人整理了大量目錄。

這種情況如果發生在其他政治人物身上，很可能被嘲笑是沒有中心思想、沒有核心價值觀，甚至欺騙選民而遭到唾棄。然而，柯文哲卻沒有。

他依然可以我行我素，並且這次大選他在三十歲以下的年輕世代心目中大幅領先其他候選人。為什麼儘管八年來有大量當年是柯粉的年輕人已經轉為柯黑，卻還是有新的人願意繼續支持他？

這到底是怎麼回事？

我從訪問中歸納出三個重點。
首先，是對藍綠的賭爛。
先從兩位曾經是他堅定支持者，後來又是堅定反對者的看法談起。

第一位是王景弘。

王景弘以TonyQ之名行走程式設計界。二〇一五年柯文哲第一次競選時，王景弘二十來歲就單槍匹馬幫他完成募款機制、網站等立下大功，聲名大噪。在二〇一五到二〇一八年間擔任臺北市府市政顧問，他說自己熱心出席的紀錄應該名列前茅。

王景弘說：「這一次非常多人告訴我，他其實不相信柯文哲，也不支持柯文哲，但是比起來，他更不認同國民黨和民進黨。也就是說，他明知道投給柯文哲可能會是一場災難，但寧可看到這個災難，也不想要讓既有的情況再一直下去。就是受夠了藍綠兩黨的賭爛票。」

至於現在支持柯文哲的年輕人，他說可以體會他們的心情。「因為我自己在二〇一四年，或甚至二〇一八年那個衝動都是存在的。就是我會期望一個打破規則的破壞者。」王景弘說，「許多人對既有政治的不滿，投射到一個沒有傳統政黨包袱的人身上，就創造了他可以有所突破的想像，是這種想像引誘了他們去支持他。」

王景弘說，柯文哲的性格魅力也投年輕世代所好。

柯文哲的一些失言在成年人眼裡很差，但是年輕人聽來覺得亂講話跟開玩笑很好玩。「幾個候選人裡，他的講話風格更能夠讓年輕人去理解他想幹嘛，然後他畫的餅，也讓年輕人覺得這個餅好像是一個夠具體的東西。」

高懷遠是另一位對雜誌、出版產業熟悉的獨立接案程式設計師。

「當初我們其實是期待一個不一樣的領袖人物，不見得這個人要做多好，但是要讓民進黨跟國民黨知道，臺灣不是只有你們，你們做那些骯髒事情的時候，可不可以弄得乾淨一點？」

高懷遠認為年輕族群比較多支持柯文哲，很大一塊原因是沒有社會歷練。許多像他這樣投過柯文哲兩屆，後來卻變成柯黑的人就是因為後面多了社會歷練。而年輕人還沒有。

「柯文哲正好吃定這一點，就今天講一個議題，看年輕人沒反應，那好，明天我換一個相反立場講一次。反正我兩邊都講一次，看哪邊有聲量哪邊我就往哪邊去。」

高懷遠說，「年輕人不懂，只覺得柯文哲終於講出我心裡想的話，深得我心。而不知道這個東西是被他幕僚或者是他自己設計過的。」

在臺北市議會和柯文哲交手四年的苗博雅，說這與政治初戀有關。「今天三十到四十歲的人，小時候經歷的是阿扁執政，大學畢業前後看到的是三一八。在三一八時吸收最多能量的政治人物就是柯文哲，所以柯文哲的支持率在四十歲以下開始突增，因為他是四十歲以下群眾的政治初戀。」

對二十到三十歲，以及二十歲以下的年輕人會受到柯文哲的吸引，他說背後的脈絡更完全可以理解。

「這些年輕人從有一點政治意識開始，看到的一直是民進黨全面執政，有權力的是民進黨，而柯文哲是一個挑戰者，因為他都跟這個民進黨對幹。」苗博雅說，「年輕人本來就有非常熱血的特質，本來就會受到高舉改革大旗的人的吸引，希望不只是要改變，而且要積極、快速的改變。」

他說，在社群媒體分眾化，加上短影音的時代，這就特別有利於柯文哲這種人生存。

短影音媒體的寵兒

同是使用社群媒體，十年間年輕世代使用的途徑已經大不相同。

林飛帆說，十年前大家在社群媒體上彼此討論、彼此辯論，希望激發很多新的想法，會引起社會的某種共鳴。「但今天的社群，同溫層化的現象越來越嚴重，你已經慢慢看不到不同立場的人的聲音。」

他說以前需要跟國民黨之間進行辯論，要擅長做說理式的表達。所以國民黨講一個A，你就必要提出一個B的論述。大家寫文章要長篇大論，起跳字數都一千字以上。但是現在要在三百字以內直接把一個事情講完。甚至有人寫兩三行字，就搭一張圖片。

以前流行懶人包，把複雜的議題簡化成十幾、二十個圖卡。現在大家想要在IG上，在YouTube上看到二、三十秒的短影片。

「很快很短，然後看起來很直觀。別人喜不喜歡都很直接。」

苗博雅說，柯文哲這種政治路線在以前只有主流媒體的時候是無法存活的。「因為媒體會把他前前後後講過的自相矛盾的東西比較出來，然後大家都看得到。可是現在的社群媒體有同溫層跟演算法，所以你只會看到跟你立場接近類似的訊息。」

王景弘的看法就更進一步。他因為愛玩線上遊戲，經常和現在二十來歲的年輕人接觸。

王景弘說他知道的一些二十到二十五歲的年輕人，不看臉書不說，連IG都不怎麼使用，所以連談什麼一四五〇這種話題他們都覺得無聊。「他們就是愛玩遊戲。對遊戲角色、最新遊戲、動漫，會比政治人物熟了上百倍。」他說，這些年輕人在意的其實只有他們自己現在的狀態，他們本身就像是遊戲。

所以這些年輕人支持柯文哲比較多的原因裡，有一點是：「其實他們根本沒有太多的管道看到其他兩個人。而柯文哲在相關的媒體上投注了比較多的資源，然後他講的話又比較符合年輕人的胃口。」

而實際上，柯文哲做的還更多一些。

柯文哲們和五種話術

「要認識柯文哲，必須知道柯文哲不是柯文哲，而是柯文哲們。」說話的是張益瞻。

張益瞻跟著柯文哲打過選戰，柯文哲主政時當過臺北市文化基金會副執行長。張益瞻幫柯文哲找過十個粉絲數五萬以上的網紅，每天帶幕僚和他們開會，下午柯文哲就據以發言。

以前，政治人物是看報治國，聽張益瞻這麼說，柯文哲是看 YouTube 治國。並且他也是抖音文化的使用者和受益者。張益瞻說：「尤其在十五到三十秒的短影音上，柯文哲很會做，並且走入政治的3.0時代。」

他說1.0的政治是：我告訴你。2.0的政治是：我和你來互動。3.0的政治是：我交給你做。張益瞻說，今天藍綠許多政治人物還是1.0，但柯文哲已經進入3.0。

「柯文哲不用自己做，訓練年輕人自己做。開放原始碼給你做，做錯了是別人的錯。」

柯文哲相信社群媒體的流量密碼，也就會被流量密碼影響。

「小粉紅來對他們有利的按讚，柯文哲就會跟著說。」張益瞻說，「所以他有些話聽起來像是中共同路人。」

也因為柯文哲相信流量，所以什麼都是跟著流量走。今天丟出一個話題看看大家反應如何，不好，明天就再丟出另一個相反方向的主張看看。哪些反應比較好，就說哪個。

有人說柯文哲是在操弄和他性質相近的人，但張益瞻說的更直指核心。「柯文哲是從一堆柯文哲裡撈出來的一個柯文哲，柯文哲只是柯文哲們的代表。」

從柯文哲不是柯文哲，而是從一堆柯文哲裡撈出來的代表這句話來看，就不難理解他為什麼可以講話、立場矛盾的次數如此頻繁，卻還可以我行我素。

你說他一直變來變去，沒有立場；但是在柯文哲們的眼裡，就是他每個立場都講過，沒有背棄承諾的問題。

柯文哲就是利用這種「特許」，可以怡然自得地不斷以今日之我打臉昨日之我，以晚上之我打臉早上之我。

從訪談中，可以整理出柯文哲的話術有五種。

第一種，就是罵。

「他專門罵就好，不必提解答，因為提解答會穿幫。」張益瞻說，「他做分析是第一流的，但迴避決策。他最會叫底下的人自己去互殺，殺出個結果出來當決策。所以他最會罵。」

王景弘說，柯文哲就是用一些對於現況的不滿去包裝。他說得好像他上台這些不滿就可以被改善，可是他從來很少很少去說明，他到底要怎麼改善。

第二個，是空。

王景弘說，「他很擅長把那種一點都不具體的東西講得好像很具體。比方說，他會講，『那我們要想一想的是，我們要留下什麼樣的臺灣給下一代』。聽起來他好像很重視下一代，但是他到底要留下啥東西給下一代，什麼都沒講。」

王景弘也拿柯文哲另一些話來舉例：「錯的事情不要做，對的事情一定做」、「這個就是該怎麼做我們就怎麼做」。

「他很會用這種聽起來好像是金句，但其實是廢話的東西，來包裝他自己。」王景弘說。

第三個，是推。

我訪問過的人裡，不只一位提到：柯文哲常常說他看到了這個問題、那個問題，提出批評。但讓人不明白的是：你也當過八年臺北市長，既然你看到了那怎麼不解決？

王景弘的解釋是，柯文哲一直有個「爛攤子」邏輯：「我現在碰到這些沒辦法解決問題，都是前面一二十年留給我的問題，所以即使我有很好的想法，但是也沒有辦法解決。是因為以前的人很差，不是因為我。」

第四個，是變。

苗博雅舉了柯文哲針對同一個議題講多次不同的立場的例子。用「柯文哲其實是柯文哲們」的角度，特別可以說明他為什麼自恃變來變去也沒問題。

「比如說對中國好了。他可以經常指責蔡英文，說蔡英文一直在挑釁中國，但是他同時又可以在上節目接受專訪的時候說他要備戰而不避戰，備戰就是最好的避戰。」苗博雅說，「為什麼同樣的話他講就不算挑釁呢？因為支持他的人會覺得，啊，你看他都有講啊，他又說不挑釁，他又說要備戰，沒有背叛我們啊。」

苗博雅又舉了個例子。

「柯文哲講居住正義。但是他在議會裡又說他不會打房，因為營造業是經濟火車頭之類，打房會出問題。所以未來如果他當總統，不管打房或不打房，他都不算是背叛支持者。」

又比如反服貿。「柯文哲是反服貿運動最大的獲益者，可是他到現在可以跳出來說我從頭到尾只有說反黑箱而不反服貿。」苗博雅說，「所以有些人會覺得天哪我被你背叛了，但是支持他的人還是會說沒有啊，他沒有背叛我，他說了只有反黑箱不反服貿。」

第五個，是繞。

王景弘說，「他就是很喜歡繞圈子。有的時候你去戳他，他就會帶過話題，不然就開始繞，然後繞到你覺得怎麼會這麼無聊，都不想跟他說下去。」

他還有一招是把問題丟回給社會。「他會說，我們民間很厲害的。我們只要開放機會做青年海選，讓會的人來幫忙就好。但是會的人在哪裡？會的人找得到嗎？會的人要準備什麼？這些都不用回答。他只會說『讓大家相信民間有高手，讓高手過來幫我們，好，結束。』」

此外，柯文哲有時候還會把這五種話術搭配起來使用。

王景弘再舉了個例子。

「他除了說的話經常前後不一，還會把這兩個變化的論點都加上『該怎麼做就怎麼做』，這樣聽起來他都在做該做的事，但實際上他什麼也沒改變。」王景弘說，「所以，柯文哲怎麼變換說法，他是從不會道歉的。」

就柯文哲為什麼可以憑這五種話術走天下，尤其在年輕人裡吃得開，高懷遠又補充了他的解釋。

「除了年輕人沒有社會歷練之外，大部分人不會去記住柯文哲講的每一句話。」高懷遠說。「還有，大部分人只會聽到自己知道的事情，自己認同的或喜歡的，或想聽到的事情。別的他覺得沒關係的就耳邊風過去。所以同樣的事情柯文哲講了前面他可能不喜歡的觀點就根本沒聽進去，等到後面聽到喜歡的觀點就會說：『這個想法很好，我認同。』柯文哲就在這樣不斷嘗試中加深支持者的印象。」

背離對支持者的承諾

我整理了對王景弘和高懷遠的訪問，首先是柯文哲背棄了他們的信任。

高懷遠把他感受到的背叛說得很清楚。

高懷遠說他支持柯文哲兩屆市長，就是看夠了藍綠。他認為柯文哲第一次四年做的不好，是因為藍綠都想辦法要扯他後腿，情有可原。所以柯文哲第二次競選的時候，他還替柯文哲到處解釋他的難處，說中央政府這個不支援，那裡又扯後腿等等。

「可是後面四年呢，我發現他連任之後，哎，那些不能做的事情他怎麼突然都做了，而做的方向都是偏向財團，都是偏向地方利益？我發現因為他沒有連任壓力了就不演了，所以真面目就露出來了。」

高懷遠說他看出柯文哲露出真面目的代表就在大巨蛋。

「當時那不是他的主打議題，不是什麼五大弊案嗎？怎麼會拖了第一屆四年之後，到第二屆連任之後反而協商起來？到底協商了什麼，我們就不知道了啊。最後就是就是原本要查的弊案就都莫名其妙地過了。」

高懷遠說，柯文哲在競選時候講的政見，不論第一屆還是第二屆，「後來回頭去檢視，都不是做的很糟，就是根本就不是那麼一回事。你去驗證這些事情的時候才會發現，其實他根本就是典型操作議題的政客。」

王景弘也是。

他是在二〇一九年和柯文哲徹底決裂。當年八月柯文哲組黨前夕，王景弘在一篇貼文裡寫：

「柯文哲從我的角度來看無心市政快一整年，政策好幾個幾乎都可以用倒行逆施來形容……回到市政，重點是內部訊息傳遞跟政策執行的方式，雜亂無章。凡事只求追求更多支持，不講政策一致性跟政治價值，這樣再交換下去我們還支持就真的是精神分裂了。」

王景弘說柯文哲一直喜歡講居住正義，但是他的社會住宅在二〇二一年以後，開工的比例非常的少。他絕大多數的社會住宅都是在二〇二一年以前開工的。他講八年蓋了多少戶社會住宅，卻完全不提最後這兩年其實是沒再蓋的，也從不解釋為什麼沒有再蓋。

他總結說：「柯文哲很善長用一些對於現況的不滿去包裝。他說得好像他上台這些不滿就可以被改善，可是他從來很少說明他到底要怎麼改善。」

柯文哲不只很少說明，說了也會髮夾彎。

柯文哲是以打五大弊案上台的。然而後來就成了五大案。其中他處理大巨蛋的立場，是最能代表他背離承諾的案例。

曾經擔任柯文哲市府都發局長的林洲民，實際負責過社會住宅及大巨蛋案。林洲民說，大巨蛋之所以被稱為弊案，是因為郝龍斌當市長的時候，台北市政府是花了二四八億向國有財產局買了那塊土地來開發的。然而交給遠雄開發所收取的權利金卻是零。

柯文哲是以號稱要打這個弊案上台，卻不但沒有把這個弊案徹底攤在陽光下，還連上任後發現大巨蛋的設計和施工出了問題時也輕輕放下。

我問林洲民其中的關鍵是什麼。

林洲民說二〇一七年夏季有一天蔡璧如去找趙騰雄。當天蔡璧如回來後就來都發局辦公室找林洲民，說趙騰雄確實有心要把大巨蛋做好。那一天之後，柯文哲態度就變了。

一年後，最後反而是一直堅持嚴格檢視公安的都發局林洲民離職。（大巨蛋案的風險，請參閱本書〈藍白合？〉一章。）

而二〇二〇年十二月，當時已經離開台北市都發局的林洲民連發兩篇臉書，說他看到一個狀況，清楚地認知：居住正義只是柯文哲市長的一個選舉策略而已，他已經連任了，他不需要做了。

混亂又開時代倒車的政策

二〇二三年九月，大直基泰在興建新樓時，導致附近樓房地基下陷，總共七戶居民緊急遷出。

事件爆發後，才知道當地居民早在五月就已經向臺北市政府都發局申報問題，但是接到的覆訊一直是沒有問題，可以繼續施工，直到出事。

因為照現行《臺北市建築施工損鄰事件爭議處理規則》，發生鄰損事件時，人民必須自行向北市都發局提出申請。

接下來的程序是：由建商製作「初步安全認定書」及「損害責任歸屬初步認定書」。如果建商判斷房子沒有受損，就可以繼續施工。如果建商判斷房屋受損與施工無關，都發局就不予列管。

房屋受損的民眾，如果不服建商的認定，必須自費委託其他機構鑑定。

這真是球員兼裁判。

我問苗博雅怎麼會有這麼奇怪的事情。他說這部規則是行政命令，只有行政機關有修正的決定權。柯文哲擔任市長時期，為了減輕都發局的業務負擔，曾在二〇二二年二月大翻修這部規則。

在之前的版本，居民申訴之後，都發局會找居民和監造人（業主委託監造人）一起到現場會勘，然後由會勘結論來決定。柯文哲翻修後的版本，都發局成為接線生，只負責轉知承造人，後續就由承造人球員兼裁判做初步認定。只要建方初步認定不關他們的事，後續都發局就可直接退場不予列管。

柯文哲更改的版本明顯向建商的利益傾斜，開時代的倒車。

而他這種例子不只這一個。

郝龍斌市長任內留下大巨蛋和其他有爭議的土地開發案，但他有一件被稱為難得的政績，那就是在二〇一四年訂定《臺北市容積移轉審查許可自治條例》，開始實施五〇%容積移轉必須折繳代金的制度，並且明定三年落日條款，廢除久受詬病的「捐地換容積」陋規。

但是到了柯文哲任內卻守不住這個成果。在二〇一七年五月，坐視臺北市議會修法推翻這個得來不易的辦法，「捐地換容積」得以復活。
這明顯又是一個往建商利益傾斜，開時代倒車的決策。

柯文哲自得於他可以利用年輕人及社群媒體，不斷地製造立場矛盾的發言，所以也不會感受到自己在政策上的混亂。

柯文哲第二任不只幾乎停建社會住宅，還把社會住宅的房租提高了一．八倍就是個例子。結果出現社會住宅的房租有高達四萬元的。雖然這個價格相當於市場上同檔次的房租只有八〇%，也就是四萬元租到五萬元的房子，但社會住宅的房租高達四萬元已經失去社會住宅本來就是要照顧弱勢族群的本質了。

我問林洲民，柯文哲為什麼要這麼做。

林洲民說，柯文哲的說法是：不要讓都是窮人來住。

林洲民說他蓋社會住宅的原則，就是既然要花公共預算，那就應該在公共預算可以容許的範圍內，以同樣的成本把社會住宅蓋到最好。「這是我的核心價值。」他說。

但是林洲民說柯文哲卻不同意，要他不要蓋得那麼好。「他在晨會裡會說：不必蓋那麼好，這些人不必住那麼好。」林洲民說。

我問他「這些人」指的是哪些人。林洲民回答，就是住宅法裡第四條規定十二類可以申請住社會住宅的人。包括低收入家庭、身心障礙者、家暴或性侵受害者及其子女、災民、遊民等。

我又問林洲民一個問題，就是他說的在公共預算的範圍裡把社會住宅「蓋到最好」，和柯文哲說的「不必蓋得那麼好」，到底指的是什麼？好的標準是什麼樣？林洲民說他做社會住宅，是把社宅做出「好宅」的標準。「對我來講，同樣的預算沒有買到好東西，是可惜。」所以他做社會住宅的特色是：公共設施比例高，走廊寬，陽臺大，公共空間多。讓住在這裡的居民，不是只是回去家裡休息而已，還有合理的建築物內的公共空間。公共空間裡的休憩設施跟綠地也都特別在意。

「陽臺很多人是拿來擺掃把用的。可是我認為，社會住宅的陽臺是可以拿來做生活起居用的。」

而主張「不必蓋得那麼好」、「這些人不必住那麼好」的柯文哲，等林洲民離開之後明定以後陽臺不可以那麼寬，甚至會把已經發包的建案的走廊寬度變小。「他是在同樣的預算下把標準降低。」

我問林洲民，柯文哲這是什麼心態。

「我覺得他沒有同理心。就是他的自我優越性太強。」林洲民回答。

從柯文哲這樣的心態和觀念，加上第二任就幾乎停止興建社會住宅，到提高社會住宅的房租，林洲民說可以看得出來：「社會住宅的興建跟營運，從來就不是他心中最重要的一個社會福利政策。」

柯文哲一方面要社會住宅不要蓋得那麼好，一方面又把社會住宅的租金提高到一．八倍，其實是矛盾的思維。

社會住宅在臺灣先天不良的原因之一，就是很多人把社會住宅當成過去的國民住宅，覺得在自家附近會影響房價而不樂意。

所以如果能像林洲民那樣把社會住宅建成像豪宅的「好宅」，不但能打破這種刻板印象，並且有助於推廣社會住宅。

如果配合這個路線，再把社會住宅租金提高為一．八倍，即使有違社會住宅租金應該便宜的理念，但至少在邏輯上是不自我矛盾的。

而柯文哲一面要社會住宅不要蓋得那麼好，降低社會住宅的價值感，一面又要提高社會住宅的租金，兩者混亂。

混亂的政治思路

「當初對柯文哲期待的就是不求他做的多好，只求他能成為一個制衡，」高懷遠說，「可是很明顯他現在走的這個路線跟方向讓你覺得，他只是成為下一個政客、下一個獨裁者，而且他的獨裁會比其他人更嚴重，因為他是個一人政黨，他一個人獨大的一個狀態。」

一人獨大是一回事，還要加上他對民主政治的認知也是錯亂的。

二〇一九年十二月，林濁水發表了一篇文章，談當時柯文哲對民眾黨員的要求很奇怪：「柯文哲一方面認為其他政黨以黨紀約束從政黨員是不對的，所以強調他的黨成員可以和其他任何政黨重疊，這完全是人類歷史經驗之外的超級柔性政黨了；但是他又強調，凡民眾黨黨員經過提名當選的立委，問政時，一切要以柯的意志為意志，這不是又是存在超級鋼性的，由柯一人發號施令的黨紀？」

因此林濁水說，「這實在太怪了，太扭曲了，從政黨員不應服從由黨的公意支持的黨紀，卻必須百分百服從柯一人的鋼鐵意志，這不只怪而已，而是任何人要和柯或民眾黨在政治上合作肯定都會怕怕。」

柯文哲連這麼基本的政治認知都很混亂，那麼會鬧出在公開場合講出又要找這個人當法務部長，又要找那個人當新聞局長，就不足為奇了。

而他回應民意的態度之高高在上，當然就更不難理解。

二〇一八年七月，柯文哲得意地說，在地居民 i-Voting 選出了「生態社子島」開發計畫等等。

二〇一九年六月，社子島自救會屢次抗議都沒得到北市府任何回應之後，居民去柯文哲演講的地方攔路抗議，「希望市府推動社子島開發應把居民利益放在最優先考量，而不是把財團利益放到最大。」他們卑微地希望柯文哲至少下車一分鐘，聽聽在地居民的需求，不一定要承諾，但柯文哲完全沒有下車。

社子島自救會發言人李華萍不滿表示：「他不願意下車、完全不願意下車。」不只警察粗暴地把他們架開，市長座車硬要往前開，差點壓到擋在車前陳情的老人。

二〇二三年七月柯文哲要租借北流中心開演唱會不得，罵起人「太監」，經由馬世芳一篇貼文，提醒大家這個人可能會當我們的總統，各方熱烈的回應，總算煞了些柯文哲的威風。

而張益贍說，柯文哲是真愛宮廷劇的。

帝王學加宮廷政治

張益瞻說，柯文哲崇仰的是帝王思想加毛澤東的權謀術。

「這從他最近對這個人封官對那個人封官，把文官制度當成酬庸就可以知道。」他說柯文哲身邊的女人可以分四大一小派：一、嫡系，柯媽媽為代表；二、蔡壁如派；三、黃珊珊派；四、高虹安派。至於一小派是黃學姐。

「這幾個女人派系繞著柯文哲打轉，是真實的宮廷劇。」張益瞻說。

聽張益瞻這麼說，再加上他形容柯文哲的脾氣，就真是活龍活現的帝王了：「柯文哲容易生氣又容易得意忘形。什麼事只要求他就可以，對他說之以理，反而懷疑你。」

張益瞻固然是因為和柯文哲一起近距離工作過看出這些問題，像高懷遠只是一個曾經遠距離的柯粉也照樣有這些觀察：「一人政黨，獨裁更甚，沒有派系，沒有制衡，腐敗的速度會比誰都快。他連當個臺北市長都可以翻臉跟翻書一樣，過河拆橋。那他當總統豈不是更可怕。」

以王景弘對柯文哲的了解和觀察，他覺得柯文哲這個一人政黨競選總統，最大的問題是根本找不到足夠的專業人才來填補運作國家機器。

「而他的個性又很野，沒有人的時候他會全部阿貓阿狗一起上，很可怕。」王景弘說。「他真的沒有能力也沒有足夠的團隊，去處理這整個國家行政的運作的事情。」

就算有官僚，王景弘說柯文哲的邏輯就是他不信任。他覺得他自己才是最厲害的，所以他很容易做出一些暴走式的決定，然後把大家搞的雞飛狗跳。

王景弘舉了個例子。

柯文哲有個政策是設社群關懷據點，每個禮拜做兩三場活動，邀請社群的長輩一起來，跟老人共餐。一方面讓社群的長輩有地方去，一方面照顧社群長輩，凝聚社群關係。

有一次柯文哲去視察一個社群關懷據點。那裡的人跟他說，門禁管理需要一些人手。柯文哲當場就說，我們要做電子門禁啊，怎麼用人管理呢，這一點都不科學沒有效率。

市府裡的人來找王景弘去談那該怎麼做，王景弘去了解情況後說，這怎麼做電子門禁，那個環境是做不到的。然後就尷尬了。市長都在媒體前開金口了，然後隔天評估就發現做不到，怎麼辦？

「這就是柯文哲。他想怎樣就怎樣，想到什麼就講什麼，然後也不先跟別人講一下，也不讓別人給他意見。就是衝了，然後發現錯了，只能再用話術去把他圓掉。他很喜歡這樣。」

確實很帝王。

不會做決策卻會葉克膜的原因

我請張益瞻多解釋一些，他為什麼說柯文哲分析能力一流，但是迴避做決策。柯文哲的領導風格是社會達爾文主義的概念，鼓勵挑弄下屬彼此猜忌鬥爭，以維持平衡，讓他得以當最終仲裁者，又不必為決策負責。

「物競天擇。他是天，別人都是物。」他說。

這讓我很好奇一件事情。

柯文哲常說他當醫生要在生死之間做出常人難做的決定，那一個迴避做決策的人怎麼卻能成為葉克膜之父，在別人的生死上這麼快速地做決策呢？

張益瞻說，「葉克膜的技術不難，最難的是做決策。柯文哲雖然是個迴避做決策的人，但是當其他人在葉克膜上不敢做決策，而他做了則有利的話，他就會做了。」

張益瞻的分析，也讓我想起林洲民說柯文哲沒有同理心、自我優越性太強。這和張益瞻說柯文哲社會達爾文主義自視為天的心態，是相呼應的。

這樣比較可以體會得到一個人為什麼在市政上迴避做決策，但是在葉克膜上卻樂意做決策了。

還有什麼能比可以決定許多人生死的能力讓自我優越感發揮得更大？

毛澤東說「欲與天公試比高」，想必深深打動柯文哲。二〇一四年柯文哲第一次臺北市長才剛勝選，就大談自己去延安朝聖，不是沒有來由。

為什麼中國希望柯文哲出來選總統

二〇一六年一月號的《台大醫訊》刊登一篇對時任臺北市長的柯文哲的訪問。柯文哲透露了中國一直要他選總統的訊息。

為什麼中國希望柯文哲出來選總統呢？

我先想到二〇一九年五月，柯文哲接受媒體訪問的時候說的：「中國現在不是朝北韓，而是朝新加坡方向移動。」

如果中華民國有一個如此認知中國的總統，確實對他們有很多幫助。

又想到二〇一九年的「臺北車站雙子星捷運聯合開發案」，柯文哲力挺被投審會以國安顧慮駁回的香港南海控股，聲稱國家願景、主權意識「在我看來都是屁話」。而四年之後，南海控股的股份遭中國國企沒收。

如果中華民國有一個把國家願景、主權意識都看作是屁話的總統，將來就可以有更多的南海控股進入臺灣了。

此外，張益贍說了兩個可能的理由。

「中共喜歡看到臺灣陷入無政府的混亂。柯文哲如果當選，會是權力最小，又權力最亂的總統，走路方向永遠出乎別人意料。」他說。「另外，柯文哲如果當選，民眾黨會吞併國民黨，他的施政也會混亂，政府會陷入倒閣的危險、社會不安。這會給中共武統更好機會。」

四、郭台銘的情況

從一篇文章談起

郭台銘選總統的問題和風險是什麼？二〇一九年楊照在一篇文章裡寫得十分清楚。

楊照的重點是：

一，鴻海在中國有那麼大的投資和利益，「怎麼可能不和臺灣兩岸政策、外交政策產生衝突？……請問，我們如何能弄清楚什麼時候總統郭台銘拍板定案的兩岸政策不是為了鴻海在大陸的投資？」

二，政治人物誠實申報財產，是讓大家監督他「權力與金錢的區隔」、「公益與私利的區隔」的工具。

而郭台銘擁有那麼龐大的企業王國，裡面的母公司、子公司、關係企業，「營運牽涉那麼複雜的種種因素，我們就再也無法確切地界定郭台銘的私人利益究竟在哪裡，也就無法監督他是否有利用總統的職權圖利鴻海和他個人。」

三，「管理政府和管理公司絕對不一樣，甚至倒過來，想要用經營公司的方式管理政府必定會失敗，還會釀造災禍。」

楊照舉了一個例子，說郭台銘可以「把鴻海的幹部叫到辦公室來臭罵罰站，總統不能這樣對待他的閣員，甚至不能這樣對待任何一個公務員。」

四，「企業的目標是共同的，而且是由上而下訂定的，但政府呢？政府面對的，是多元的社會，也就是社會裡不一樣的人有不一樣的需求，而他們都有權利要求政府考慮、照顧他們的需求。」

由我來補充的話，怎麼說都是第一點最關鍵。

鴻海不只在中國有巨大的投資和利益。二〇一九年香港媒體報導，那之前五年鴻海在中國取得的稅務優惠加補貼，高達九五七億元台幣。

那一年郭台銘說要競選，別人質疑他鴻海有偌大營運和資產在中國，有一天中國要挾他怎麼辦，郭台銘反過頭來說是中國需要他，說中國需要的「五個穩」裡，「有四個穩需要我」。還說給他幾個月時間把廠搬到其他地方。

當時接受《時代》（Times）雜誌訪問，談到中國持續以武力威脅臺灣時，郭台銘強調「他與中國國家主席習近平的私人交情，可以發揮緩解兩岸緊張關係的作用」。

然而四年過去了，中國對臺灣的軍事騷擾和威脅只增不減，沒看到郭台銘習近平的私人交情發揮任何作用。

他說給他幾個月時間就能把運營搬出中國也沒能搬。最近換成說如果要挾他就不要那些資產。

看好萊塢電影，美國有人要擔任政府機要公職之前，要接受嚴格的身家調查。機要公職再機要也莫過於一國總統，如果不把總統候選人可能涉及國家利益衝突的因素先檢驗清楚，根本不該進行下一步。

而郭台銘是通不過這個檢驗的。

今年八月底，總部在華盛頓的美國戰爭研究所（ＩＳＷ）發布了分析郭台銘參選對臺灣選舉可能帶來的影響。

該報告說，郭台銘繼五月宣布了《金門和平宣言》之後，在八月二十五日宣布了

《金門和平倡議》，倡議包含了一系列新的民間計畫來推動跨海峽和平。

「該智庫認為，郭台銘上述立場與國民黨候選人侯友宜有所不同，儘管侯友宜也希望與中國溝通並降低台海緊張，但他也說過與中華人民共和國的『民主協商』是不實際的，而郭台銘提議的談判『可能提供一個管道將中華民國的主權交付給中華人民共和國。』」

也因此，那份報告歸納出：「從美國利益的角度來看，郭台銘的勝選是最危險的結果。這是因為郭台銘提出了與中華人民共和國談判、但卻可能損害中華民國主權的最具體步驟。」

當然，對美國的利益都最危險，對臺灣就不必說了。

CEO治國術和培養的人

郭台銘自稱，很多人說他是成功的企業家，經濟政策會比其他政治人物好。除了楊照的文章裡已經反駁，我也加一下我的看法。

富士康頻頻有工作人員跳樓自殺的那年，我看過一篇報導，其中訪問不具名的一位富士康女工。那個女工說，他們在生產線上的工作流程安排得沒有任何空隙，所以如果有個什麼東西掉到地上，她彎腰去撿的時候會盡量拉長到三秒鐘。因為那三秒鐘對她就是天堂。

臺灣的企業，在代工模式微薄的利潤下，以 cost down（壓低成本）方向為經營管理原則，多不勝數。但是能做到像郭台銘這樣，依靠利潤微薄的代工，把鴻海集團做到今天這種世界級規模，絕無僅有，當然有過人之能。能把生產線的管理做到讓工作的人覺得有三秒鐘空隙就是天堂，說明了他過人之能的祕密。

但是要說以 cost down 經營模式的過人之能來擘畫臺灣經濟的未來；管理上讓工作的人覺得有三秒鐘空隙就是天堂的人當了總統，會讓臺灣的年輕人看到自己希望的未來，相信的人應該沒多少。

我一直不明白郭台銘為什麼如此明知不可為而為之地想要競選總統。

雖然有人說郭台銘有錢，花多少錢來打水漂他也不放在心上，但是以一個靠 cost down 到極致起家的商人，他不會對白白花那麼多錢不放在心上。否則當初他承諾要拍一百部電影也不會才兩部賠錢就喊卡了。

一位曾經在他集團裡工作的人提醒我了一個思考的角度。

CEO除了會經營企業外，更要懂得如何拆解、組合公司資產進行交易、併購和被併，設法談判，最後「成交」。

這種拆裝、組合、談判、交易中的利益和樂趣，非一般人所能想像。

和這些預期回報如此之大的利益和樂趣相比起來，先頭投資的一點損失就完全不值一顧了。

「但是頂尖CEO不會告訴你他是怎麼談判的，出了什麼價，所有利益的分配。」

去年新竹市長選舉後終於被以貪污罪起訴的高虹安，上任後也毫不避嫌，繼續做出豪車豪宅、男友喬標案充滿爭議的事曝光，郭台銘仍然力挺「她受過我完整訓練」，「相信她一直在堅守法律賦予的分際」。

這也讓人很好奇郭台銘給屬下完整的訓練，和他們堅守的法律賦予的分際到底是什麼？

五、那要怎麼選藍白合？

這兩年，有一個熱門話題：藍白合。

藍白合就能讓臺灣變更好嗎？

其實，現實裡早有兩件藍白合發生。我們看看這兩個例子，不難想像藍白合會發生什麼事。

第一個是大巨蛋。

大巨蛋是藍色國民黨郝龍斌市長留下來的。因為台北市政府花二四八億向國有財產局買的土地，讓遠雄蓋大巨蛋的權利金卻只收零元，號稱白色的柯文哲在競選時說是弊案，要打。柯文哲上台應該查個水落石出，他卻放了水。

而現在，柯文哲離任，他任內留下的大巨蛋「防災避難電腦模擬」危險，新上台的蔣萬安市府應該徹查清楚，但也又是放了水。

這是怎麼回事？

林洲民告訴我的經過是這樣的：二〇一七至二〇一八年間，林洲民身為都審主任委員，一直為了大巨蛋的「防災避難電腦模擬」嚴格把關，遠雄始終沒能通過「都市設計審議」，遑論建照。他說本來柯文哲也很支持，但二〇一七年夏季有一天蔡壁如去找趙藤雄回來後跟林洲民說，趙藤雄確實有心要把大巨蛋做好。那一天之後，柯文哲態度就變了。

在「只有林洲民離開臺北市府，遠雄大巨蛋的都審才會通過」的傳言聲中，次年十二月林洲民離職。再次年九月，大巨蛋建照就通過了。

二〇二二年底六都選舉時，林洲民向臺北市長候選人發表一封公開信，提醒大巨蛋是在他離開之後，因為「蓄意迴避」了重要的參數設定，才得以「假象通過」！

簡單說，「防災避難電腦模擬」測試時，有兩個重要參數。

一個是對大巨蛋現場的「逃生方向熟悉度參數」。

一個是當大巨蛋發生災難須緊急逃生時，現場群眾的「情境設定參數」。

林洲民和他在任時的防災避難委員都主張，當災難發生的時候，現場群眾大部分人是無法立即了解逃生方向及位置的，所以「逃生方向熟悉度參數」應該設定為「不熟悉」（local familiarity /off）。

同樣的，當災難發生的時候，現場群眾大部分人是驚慌的，因此，其「情境設定參數」應該設定為「不知所措」（impatient /on）。

這樣才能模擬出一旦發生災難時，現場群眾在驚恐慌亂中逃生的情況，看大巨蛋的設計是否能應得來。

遠雄一直過不了關。而在林洲民離任後，二〇一九年之所以能拿到建照，是因為後來的委員同意了遠雄把「逃生方向熟悉度參數」設定為「熟悉」（local familiarity /on）、把「情境設定參數」設定為「淡定」（impatient /off）。

所以林洲民在給臺北市長候選人的公開信裡問了兩個問題：「請問所有的臺北市民，大家是否全然『熟悉』各位常去的餐廳、電影院、大賣場等公共場所的逃生口位置及逃生方向！」「請問所有的臺北市民，大家萬一不幸必須在公共場所因災難發生而逃生時，各位有可能會是『泰若自然』的優雅避難嗎！」

林洲民發信的前一天，韓國梨泰院發生踩踏悲劇，所以他呼籲臺北市「應該全面檢討公共安全及防災避難的所有相關議題」。

我問他蔣萬安有回應嗎？

林洲民說沒有，大巨蛋還是要在二〇二三年底前試營運。

我問，那蔣萬安市長不擔心一旦出問題他要怎麼負責？

「所以他們宣布運動場規劃只容納一萬人啊！」林洲民說。

實際上，最高行政法院裁示，大巨蛋全園區客留人數是五九、八三三人，其中大巨蛋球場則是四萬席次，現在只允許一萬人進入球場。

「一萬人這個數字的來源，台北市府沒有說明。這只是個『自認安全』的假象數字，並非「防災避難電腦模擬」的測試結果。」林洲民說。

全世界沒有一個球場兼大型集會場所，有四萬席次而不做「防災避難電腦模擬」測試的。「更何況，台北市政府從未說明四萬席次的場所只允許進入一萬人，這樣的限制期限是四年？八年？還是五十年？」

一藍一白，兩次政黨輪替，兩次互相掩護。

柯文哲打著要查國民黨政府任內的臺北市五大弊案上台，結果一弊不弊，讓大巨蛋兩百四十八億買地，卻讓遠雄付零元權利金的弊案輕輕放下不說，還護航遠雄蓄意迴避大巨蛋防災避難電腦模擬的重要參數，得以假象通過。

蔣萬安上台則投桃報李，柯文哲沒查國民黨前任臺北市長的弊案，他也不查柯文哲在大巨蛋公共安全上埋下的地雷，只把球場入場人數降低到四分之一來降底地雷爆炸，或延後地雷爆炸的時間。

但是等到哪一天地雷真爆了，大巨蛋真出事了的話，他們會出面承擔他們互相掩護的責任嗎？

人民要政黨輪替，是要藍白這種輪替嗎？光一個臺北市，前後任之間都能互相哥倆好到這種程度；如果是中央政府，還讓藍白同時聯合執政，那不是坐看他們坐地分贓？

第二個例子，就是二〇二二年六都選舉裡的新竹市長高虹安。

那可是不折不扣的藍白合。國民黨從朱立倫主席開始以身作則地示範為了藍白合，對國民黨參選的同志如何可割可棄。

但藍白合推上了一個什麼樣的市長?這個市長因為有藍白合的縱容，在當選之後繼續讓我們看到什麼樣的面目?

一個稍有常識的人看高虹安的眾多助理透過林耕仁曝光的資料，就知道其中有什麼問題，但是藍白合，就硬要非把高虹安推上新竹市不可。而選後一年，檢察官終於以貪污罪起訴高虹安。

檢察官起訴了，一個稍有常識的人都該知道自己需要檢討一下，藍白合的所有人馬卻公然高調力挺高虹安。

他們的一再力挺，讓高虹安有恃無恐，當上新竹市長也毫不避嫌，繼續做出豪車豪宅、男友喬標案充滿爭議的事，但仍然有人出來力挺。

一個新竹市長就這樣了，中央政府還得了。

今天說是要全民下架民進黨的藍白合，也早已透過大巨蛋案和高虹安案，讓大家可以想像由他們聯手執政後是什麼形狀。

票到底要怎麼投

講了這麼多各政黨和政治人物的問題，有人可能會焦慮了：那總統選舉這張票到底要怎麼投？

民主社會，每個人都有自己的一票，端看你選擇的是什麼。

要的是穩定最重要？

要的是改變最重要？

要的是出自己一口氣最重要？

我有兩個建議。

第一個，是無論如何不要不投。不要因為過去的「誤投」懊惱而不投；不要因為都是爛蘋果而不投。我們置身於民主社會而不投票，而不從難以評估中練習抉擇，就對不起自己。

第二個，我建議在聆聽候選人說些什麼的時候，與其聽他們述說自己能做什麼、能給什麼，不如評估如果他當選之後跳票的機率如何，跳票會給國家安全帶來什麼風險。

這有三個原因。

首先，政治人物的話會跳票，這是現實。沒有執政過的政黨和候選人，空中畫餅、雞飛狗跳的機率本身就很高。在中央、地方執政過的人，換了位置就換腦袋跳票的也多有。可以檢查他們過去的紀錄。

第二，跳票有大有小，但不能因而損及國家安全。現在是非常時期，中共對臺灣的軍事威脅與日俱增，他們當真動武的可能也越高。

我們不是平常歲月，可以用四年時間看他跳票狀況如何。現在是在強風怒濤中駕船。他跳票導致大家一起翻船，萬劫不復。

火氣上來的時候，可能什麼都不管，就是非投哪個人不可，非不投哪個人不可。平靜下來，先想想自己要怎麼評估可接受的風險。

無論是哪種選擇，思考一個最重要的底線：不要斷送臺灣的安全、利益和尊嚴。

用不給國家安全帶來危險的底線來考慮，第三個原因是：留得青山在，不怕沒柴燒。

只要國家還在，我們還有下次選舉的機會，最重要的，是我們人民自己有使力的機會。

畢竟，我們是民主社會。

第二部：煙霧

六、和厭恨有關的一位意料外的女士

會想到寫煙霧的部分，是因為那天的下午茶。

坐在我對面的兩個人，一位是優雅的女士，在臺灣社會有非常突出的地位和形象。她橫跨演藝界與暢銷書作家身分；此外學歷也傲人，有博士學位也剛去了趟美國進修回來。

一位是男士，在美國研究國際政治的學者，近年才回到臺灣，充滿關切社會的熱情。

我聽著他們逐漸由隨意的交談中慢慢涉及兩岸關係，還有中美關係的話題。起先我沒加入話題，是因為以這兩人的知識水準及學經歷背景，觀點應該相去不遠。

但隨著他們的談話逐漸展開，我發現這位女士的論點，從原先我以為是另一位男士的同溫層，結果竟然是異流層。

女士不只是疑美論者，根本就是鄙美論者。她不只在中美關係上傾向於同情中國，並越來越顯示對中國崛起和中國夢的支持，認為中美衝突是美國挑起，而美國因為種族歧視和貧富差距的困境，必將沒落。而男士則一直在設法表達不同的意見。

中間我繼續保持沉默，沒加入對話。那天我本來是想邀請這位女士寫書，但一路聽下來非常訝異，不知她對美國的觀感怎麼惡劣至此，她的觀點又怎麼會和她的人設相差如此之大。等他們的言談交鋒再銳利一些，我更不知該如何加入談話才比較適當。

後來，這位女士談到中國管控疫情有多麼成功，臺灣有多少誤解的時候，她看我一直沒有出聲，就請我也表達一下意見。

我跟她說，她印象中的情況應該是在二〇二二年上半年之前的。到下半年，尤其新疆大火、白紙運動之後，中國在臨時緊急解封造成的問題，以及三年動態清零政策下造成往國外「潤」的現象、國內年輕人失業率高漲造成「躺平」現象之後，應該又是另一番面貌。

我知道臺灣有些人對民進黨的厭恨到了無以復加的地步，甚至到了連中共政府在他們眼裡都相形之下呈現美好的狀態，但是萬萬沒想到連她也受到影響。想到如果哪一天她從政，以她的社會影響力，可能繼續影響多少人，我十分震驚。

臺灣近年來除了籠罩在中共的砲彈威脅的影響之外，就是同時籠罩在認知戰的影響之下。

只是連學識及地位如此之高的這位女士都受到認知戰的影響，與之共鳴，我實在意外。

也因此我想應該寫一些談到兩岸關係的時候常見的煙霧。希望能就我能力範圍來吹開一些煙霧，也希望邀請大家一起來。

從銀彈到煙霧彈的戰爭

國民黨以為廢止了動員戡亂條例，自己放棄了反攻大陸的念頭，兩岸的戰爭風險就降低，我們人民可不能如此跟著如此以為。

中華人民共和國想要消滅中華民國的決心，從沒有消失。

如前所述，其實中共講的「台獨」，不只包括「臺灣共和國」，也包括「中華民國」，只要你不屬於「中華人民共和國」，都是「台獨」。

他們只是在看自己的力量，什麼時間點如何以最低的代價來進行。和是國民黨或民進黨或其他黨執政沒有關係，和是否放棄「台灣獨立」的說法也沒有關係。

解放軍始終是要「解放」臺灣的，只是用什麼彈來打的問題。

早期，中共是用砲彈打。最代表性的，當然就是「八二三砲戰」。

後來，隨著文革結束，中共自己內部社會也進行改革開放；隨著改革開放，本身經濟實力又崛起，對臺灣的解放戰爭就由砲彈轉往銀彈戰爭。

銀彈戰爭的本質就是「以商圍政」。經由眾多去中國大陸投資的台商，眾多雖然企業總部在臺灣但是在中國有巨大商業利益的財團，眾多藉口兩岸和解去中國大陸「尋租」的國民黨及非國民黨政治人物，層層疊加出一個臺灣經濟和中國經濟無法脫鉤，甚至逐漸被吸納進去的網絡。

所有中共對臺灣釋出的「利多」，其實都不該忘記是銀彈。

銀彈戰爭最代表、最高潮的，就是誘使馬英九政府與他們簽下《服貿協議》、倡議自經區。

銀彈戰爭有兩條戰線。

一條是開在中國大陸境內。就是讓你賺中國的錢，讓你去有「發大財」的機會，然後你不能賺了他們的錢又砸他們的鍋，就要聽他們的。

另一條開在臺灣。代表性的就是《服貿協議》。

一九四九年國民黨政府剛撤退到臺灣，毛澤東說「宜將剩勇追窮寇」，準備解放臺灣的時候，他要跨過臺灣海峽的手段就是發動舢板，「萬船齊發」。

《服貿協議》，其實就是銀彈版的「萬船齊發」。透過六十四個行業，尤其是大量衣食住行的民生行業，讓對岸的小企業、小商號也有機會來臺灣投資，甚至最終有移民的可能。

如前面說過，《服貿協議》如果當成生效，讓中國進駐的自經區也開始運作，那中共早在二〇一三年就解放了臺灣。

反服貿運動和太陽花運動之後，因為民進黨政府上台，加上國際情勢的變化，台商開始回流；到中美對抗情勢日益明顯，到中共自己國內財政、經濟情勢也需要保守，需要「共同富裕」的時候，銀彈攻勢就相對沒那麼顯眼了。

然而，他們善用臺灣民主社會人人皆可發言的體制，以銀彈從各種管道收買代理人的戰爭，可從來沒停過。

就對岸而言，銀彈戰爭最核心的信念，就是對臺灣用打的不如用買的。

對臺灣而言，炮彈戰爭是對我們軀體與生命的試煉。銀彈戰爭則是對我們價值與靈魂的試煉。

中國對臺灣如果說打的不如用買的，那麼買的一定不如用騙的。

認知戰就是騙的戰爭。騙你轉移注意力，騙你看錯焦點，騙你把你賣了還要幫他數鈔票。

騙子不會百分之百無中生有地亂說，一定是虛實夾雜、真假交錯地進行才有最大效果。

認知戰也是，不會全部都講你聽不進去的話、沒聽過的話，而是講些聽來有些道理，事實上又摻雜了歪理的話。

騙子是自古以來就有，但是會隨時代的變化、科技的進步，花樣不斷翻新。

認知戰也是自古以來就有，但是隨時代的變化，不斷地使用新科技來進行。

共鳴者

臺灣民主實驗室在「二〇二二臺灣選舉：境外資訊影響觀測報告」裡，把認知戰的行動者概略分為三類角色：攻擊者、操作者，與共鳴者。

「首先，攻擊者是透過製造或放大爭議訊息，加深臺灣民眾間的對立，當中最大的受益者便是中國。」

「其次為操作者，實際對資訊進行操弄，並直接或間接接收中國指示的執行者」，報告中舉例包含：中國的各個中央和地方官媒、針對臺灣議題創建的粉絲專頁、許多商業媒體、許多微博大V、境外匿名粉絲專頁。

而最值得我們注意的，是「共鳴者」，「本身雖不參與操作者的行動，卻因為價值的相近，傳播了與操作者相同的敘事。其與中國的關連不是重點，而是在於其行動與操作者有共時性」，並舉例說明了許多傳統媒體、網路意見領袖、政治人物，以及匿名粉絲專頁。

認知戰的發動者和執行者明白，他們由外部操作的議題，如果能由臺灣內部的輿論環境擴大，而產生共鳴的作用，那才會放大中國敘事的影響力。

而我認為最值得我們警惕的共鳴者，其實還不是那些媒體與意見領袖，而是我們每一個人。

因為媒體與意見領袖想要影響的，最後畢竟還是每一個人。

從這一個角度來看，我們每一個人最可能成為對岸認知戰共鳴者的原因有兩個。

先談第一個原因：厭恨。

我從張潔平那裡聽到一個例子。

張潔平是從中國去香港求學的，然後在香港工作，擔任過「端傳媒」總編輯。三年前來臺灣，並於去年四月在臺北開始營運一家書店。

張潔平說在臺灣這段時間，不時有些偏藍的長輩找她聊天。

「我常常覺得他們真的是因為對民進黨的厭惡，而對中國的判斷偏差得很厲害。」她說，「他們對臺灣年輕人普遍感到失望，覺得都被民進黨洗腦了，也因此很輕視臺灣年輕人的痛苦。同時，他們認為中國年輕人雖然面對威權和極權體制，但很有動力並願意反抗自己的政府，還有世界的遠見。」

去年底張潔平去龍應台基金會演講。內容是關於中國年輕世代的分析。當時，她講中國年輕人所面臨的問題，例如失業、生活缺乏意義，以及受到疫情和沒有人權的封控狀況影響等等。她看台下聽眾的反應，有些人提問時顯得很受打擊。

「有幾個人站起來提問，責問我為什麼對中國的疫情管控達到的效果不多做分析。」張潔平說，「我回應他們，解釋疫情管控帶來的負面風險和代價是不容忽視的，這些都是黑箱，人們看不到內部運作。」

有句成語說：「一葉障目」。

有些人對民進黨的厭恨如此之大，不但波及到對臺灣年輕世代，甚至看不清對臺灣製造危險的另一邊人的真實情況，可以名之為「一恨障目」。

這裡面固然有一塊原因是，他們目睹過去二十三年裡民進黨前後執政十六年的種種問題而產生的厭恨，但也會有因為國民黨越來越不爭氣而有的恨鐵不成鋼的恨。最好的例子就是因而出現「全民下架民進黨」這句話。

全民下架民進黨？

民主政治就是政黨政治。當一個在野黨看到執政黨的墮落或無能時，理當提出自己的國家論述、政策及執行團隊，來說服人民在下次選舉給他們一個機會。國民黨身為臺灣第一大在野黨，又不是沒有過執政經驗，理應以自己的品牌來呼籲大家政黨輪替，給他們一個機會。

怎麼會用「全民下架民進黨」這種訴求？

民主社會，一個政黨想取得人民的信任，理應是講出為什麼我值得信任，我有什麼不同於對方的策略、方法，而不是只講別人爛、別人差，大家一起別讓他做下去。百事可樂和可口可樂競爭，會推出「全民不喝可口可樂」這種行銷活動嗎？今天哪家電腦品牌想和蘋果電腦競爭，會講出「全民不用蘋果電腦」嗎？

不要忘記，當年蘋果電腦面對ＩＢＭ個人電腦的巨大競爭壓力時，他們是使用《一九八四》的概念來突顯自己打破規則的力量。

「全民下架民進黨」散瀰著濃厚的厭恨氣息：有對民進黨的厭恨，其實也有對國民黨的厭恨，厭恨自己無力單獨對民進黨進行政黨輪替，而只能寄望於事實上是藍白合的所謂全民。

藍白合會出現的問題，我已經寫在第一部裡，這裡就不贅言。

但我可以再用一個例子來說明到底什麼是「全民下架民進黨」。

用牛肉來說明就很清楚。

藍白合要搞一個「全民下架民進黨」，就是搞「組合肉」。

要嘛你說美國牛肉不好吃，來吃我澳洲牛肉；要嘛你說澳洲牛肉不好吃，來吃我神戶牛肉。

不說明清楚自己有什麼施政策略，只會講「全民下架民進黨」，那就是原來端出來的是說不清來路的組合肉。

用這種組合肉，最容易成為對岸認知戰的共鳴者。

而我們每個人在重複講這句話的時候，自己也成了共鳴者。

七、和恐懼有關的等距外交，維持對話的機制？

我們不當大國的棋子。我們要等距外交。

這兩句話粗聽起來很中立，很有道理。

但是我讀古人研究《易經》的書裡，看過一句話印象深刻：「過中不正」。

的確，排解糾紛，我們應該保持中立、不偏不倚的立場。但是如果明顯有人以強凌弱，以大欺小，我們還要所謂中立，所謂絕不偏袒任何一方，那是有失原則，那是自欺欺人。

當雙方一邊是幾十年來一直無時不想消滅我們的人，一邊是幾十年來一直提供我們各種支援的人；現在想消滅我們的人每天變本加厲，支援的人想多幫助我們一點的時候，我們說要等距外交，不當大國棋子，這種邏輯是有問題的。

從兩蔣時代開始，臺灣幾十年來從沒停止過想從美國購買武器，購買不夠而向法國買，購買不夠而要自行研發，現在中國對我們的武力恫嚇空前，全世界都為臺灣的安危而焦慮時，美國要主動提供我們軍火，我們卻要告訴人家臺灣不想當美國的軍備火藥庫，這種邏輯是不合理的。

真要照這種邏輯走下去，我們不該購買任何武器，也根本不該有國防部。

再委屈的和平也是和平？

那麼，再腐爛的牛排也是牛排？

我們容易不自覺地成為認知戰的共鳴者的第二個原因，是出於恐懼。在戰爭之前會恐懼，是人之常情。

因此會有人說「再委屈的和平也是和平」。

同樣的話，在人類歷史上一定重複過多次。而我們身為後來者，應該參考前人的例子。

如果相信「再委屈的和平也是和平」，蔣介石當年早就不該對日抗戰，應該早早投降。

如果相信「再委屈的和平也是和平」，邱吉爾當年就該跟他的前任首相一樣，早早隨希特勒的條件簽下和平協議投降了。

但邱吉爾早就告訴我們他的智慧：「在戰爭和屈辱面前，選擇了屈辱，之後你仍須面對戰爭。」

何況，你極其委屈地接受了和平，那和平還真的是和平嗎？

就像你愛吃牛排，但是再腐爛的牛排也是牛排嗎？

牛排也須維持一定的狀態，才是我們想吃的牛排。

和平也必須維持住我們相信的生活價值、生存理念，才是和平。

而這和平，不可能是在因為有人要威脅我們的生存時，因為恐懼而委屈接受的。

只是在這過程中，仍然不免有人會因為恐懼，還是想嘗試以腐爛的牛排來維生，不顧其中致死的病菌。

一九四〇年，當德軍攻破馬其諾防線，以優勢軍力把英法聯軍逼到鄧寇克之際，邱吉爾決定徵調民間大量船隻把三十多萬軍隊搶救回英國，保存未來反攻的實力。

今天回顧起來這麼應該做的事情，軍事史上經典的策略，當時在英國仍然有許多人激烈反對，認為那是在挑釁希特勒，要求邱吉爾放棄撤退，馬上和談。

他們也是相信再委屈的和平也是和平。

看過《黑暗時刻》電影描繪這個場面的人，應該不會忘記邱吉爾拍了桌子說的另一句名言：「當老虎咬住你腦袋的時候，你是不可能和牠理論的。」

而歷史一再告訴我們，要自己家園受到威脅時，為什麼不能相信再委屈的和平也是和平。

如果那是人類生存的真理，人類歷史就不會發展到今天了。

我們珍惜和平，一定是因為和平可以維護我們珍惜的生活方式、生活價值、生存理念。當委屈的和平會有損我們要維護的這些價值時，那這和平也就沒有意義了。

再破碎的花瓶也是花瓶？

再污染的井也是井？

再腐爛的牛排也是牛排？
再背叛你的朋友也是朋友？
再剎車失靈的車子也是車子？
再有毒的雞蛋也是雞蛋？

和平協議？

很多人認為：在中共不斷升高軍事衝突的威脅時，要趕快和他們對話；還有人主張要趕快簽和平協議。

歷史告訴我們，和平沒有靠一張協議達成的。當雙方有強弱之別的時候，和平協議的用途就是強者在發動下波攻勢之前的障眼法，讓弱者更加放下防備，讓他長驅直入用的。

一九三八年，納粹德國即將入侵捷克蘇台德地區的陰影森森，捷克也準備要緊急全國動員，戰爭的幽靈籠罩全歐洲。

以英國首相張伯倫（Neville Chamberlain）為首，一個代表團去了慕尼黑和希特勒（Adolf Hitler）談判，結果在沒有捷克代表出席的狀態下簽訂《慕尼黑協定》(Munich Agreement)，把蘇台德地區割給德國，換來德國不啟戰端的保證。張伯倫回國，受到英雄式的歡迎。《慕尼黑協定》被歡呼為世紀和平的協定。

1938 年 9 月 30 日張伯倫和希特勒簽下慕尼黑協定後回到英國，受到熱烈歡迎。他自己更稱之為「獻給我們這個時代的和平」（Peace for Our Time）。次年 9 月，希特勒入侵波蘭，二次大戰爆發。

但也就在次年，希特勒出兵正式併吞捷克，二次大戰全面爆發。

那和平不靠協議靠什麼？

我覺得美國前總統甘迺迪（John F. Kennedy）在一次演講中說的最清楚：

「真正的和平一定是很多國家的產物、很多行動的總和。它一定是動態的，而不是靜止的，隨著每一代人所面臨的挑戰而不斷變化。因為和平是一個過程，一種解決問題的方式。」

是的，和平一定要先有自己備戰的實力，然後時刻警惕，從動態中觀察可能的變化，聯合一切有意願協助我們的國家，不斷地從遭遇挑戰的過程中保持穩定，讓自己存在下去。

和平不是一勞永逸的目標。

和平是個動態的過程。

這個動態的過程需要海洋思維。

票投民進黨，青年上戰場？

那要不要也說：票投國民黨，人人亡國奴？

臺灣的存在，不是要反中，但是當然要抗中。

從一九四九年國民黨政府被中共一路打到臺灣，從兩蔣時代直到今天，臺灣一直都是因為抗中而存在。不抗中，我們怎麼生存到今天？

蘇聯解體時，烏克蘭手上有大量核武，是全球第三大核武強國。然而在蘇聯解體的混亂中，美國、俄羅斯、英國以擔心烏克蘭的核武流入恐怖分子之名，共同保證烏克蘭絕不會遭到俄羅斯的侵略，遊說烏克蘭銷毀核武。

一九九四年，這幾個國家共同簽署了《布達佩斯安全保障備忘錄》（*Budapest Memorandum*），保證烏克蘭如果有遭遇侵略或被使用核武攻擊的危險時，俄羅斯、美國、英國三個國家會立刻共同訴諸聯合國安理會採取行動，提供援助。

而去年俄羅斯入侵烏克蘭，大家心頭馬上升起的疑問就是：啊，當年烏克蘭如果沒有銷毀核武呢？普丁還敢嗎？

手上有武器，是為了告訴意圖侵略我們的人：我們有捍衛自己的力量，別輕舉妄動。

這就是以備戰來止戰。

相反地，不備戰，那就是準備門戶大開，讓侵略者可以長驅直入。

國民黨再說「票投民進黨，青年上戰場」，那也該說「票投國民黨，人人亡國奴」。

第二部：大象

八、不只是高房價的問題
居住正義的核心問題

從二〇〇九年研考會做「十大民怨」調查，高房價以超過八成佔上榜首之後，其後就一直逗留在各種類似調查的前幾名。

因此談起居住正義，最容易聽到的課題就是房價高昂。高昂到年輕世代都苦於無從奢想購買。尤其在都會區。

然而我訪問彭揚凱的時候，很訝異地聽他引用前台大城鄉所教授華昌宜二〇一〇年的研究說：

臺灣有六〇%的人擁有一間房子。

一〇%的人擁有不只一間。

想有房子卻買不起的人，有二〇%。

再其他十%是社會底層，根本不會想到擁有房子的事。

換句話說，臺灣雖然大家都在抱怨房價高，但是社會裡有至少一間房子的人，佔了七〇%。

那所謂的高民怨又怎麼來的？

彭揚凱說，就房價來說，民怨主要來自那二〇%想買卻買不起的人，還有百分之六十雖然擁有一間房子，但是因為房價高漲，難以小屋換大屋，也難以給孩子再買一間的人。

「這六〇%的人可能是最矛盾的人。他們一方面又抱怨房價高，又怕房價跌，影響自己房屋價值。」彭揚凱說。

而房價儘管高踞不下，二〇一四年全臺灣個人擁有三間房以上的人，有三十萬人，到二〇二〇年，這個人數增加到五十萬人。彭揚凱說這可能因為全球範圍的低利率，加上台商返鄉等因素的影響。

政府才是炒房的第一輪推手

臺灣的房價為什麼這麼貴？多少年來房價一漲到一個程度，就有打房的聲音；然後又越打越高？

一任任政府祭出打房手段，說要抑制投資客，但房價仍然上漲難以遏制。

我問在台中的打里摺建築藝術有限公司負責人施尚廷。

他說：原物料上漲跟通膨，營造成本四年間漲了四成。

至於土地成本上漲的幅度就更大。他說：近兩年台中市水湳地區的地價，從二〇一九年的每坪約八十萬元，到二〇二一年已漲到接近每坪兩百萬元。南屯區楓樹里他自己公司對面的土地在二十年間，漲了七倍。

而土地成本佔總建造成本的四成到七成，視城市和地區不同。

我好奇到底是什麼因素驅動土地成本漲這麼多。

施尚廷和彭揚凱都說是政府。

彭揚凱說：政府帶頭炒高土地成本的方式有兩種。

一種是賣既有市區的精華地區。在都市的精華地段，民間地主是不會賣「素地」的，都會和建商合作，就算是有土地買賣，過去也是私下。

所以在都市的精華地段，都是政府賣地，並且會公開標售、競價。一旦賣出新的高價，就會產生錨定效果。推升周近地價。

另外一種就是劃定都市的新開發區。新開發區裡也是同樣的情況，一旦政府標售出新的高價，也是產生錨定效果，推動地價。

整體開發徵收，政府分回來的地來標售，本來收入該回收合理的成本和費用就好，但現在都是暴利，因為這是地方財政收入的主要來源。

二〇二二年《商業周刊》做過一次報導，分析了全台各個地方政府炒作土地得到七三〇億暴利。

而建商取得的土地成本一高，預售屋售價自然就跟著水漲船高。

「所以政府才是炒作房地產的第一輪推手。建商炒第二輪。投資客做的只是第三輪。」彭揚凱說。

我問他國際上政府處理土地還有什麼其他可以參考的方式。彭揚凱說有兩種。第一種是以德國為代表。他們認為公有地是公共資源，所以土地如何最好使用，不能只看貨幣價值。所以要看建商出的價格，也要比建築方案，再綜合評分。第二種是把土地的價格固定，再評估誰的方案最好。德國，奧地利，瑞士都是。這兩種方式都是政府不會只是要最高價，其他你用來做什麼都不管。「比較像是我們所說的最有利標。」

彭揚凱說，賣公有土地是臺灣各個地方政府重要的財政收入，但是敗家子。他說別看新加坡、香港，都是如此商業化的社會，但他們政府標售土地都只是地上權，使用期九十九年。

政府標售土地最理想的方式，應該是賣的只有地上權，再設定固定價格，再比建商的方案。「以臺灣都市的精華區來說，」彭揚凱說，「標售地上權是有市場的。」

房價和都更

拱抬房價的，也可能因為政府一些施政決策。

彭揚凱和林洲民都一致指出：郝龍斌在台北市長任內施行的都更辦法，造成「房地產要漲，都更才能成功」的趨勢。

郝龍斌在二〇一〇年推出「都更一坪換一坪，附停車位」的辦法。這是全球僅見的辦法。「相當於舊車換新車，不花一毛錢。」彭揚凱說。

由於原住戶不出一毛錢就可以換得新屋同樣的坪數房產，建商為了有利可圖，必須把新樓蓋出若干層以下給原住戶以後，再多蓋出若干層出售來彌補成本、創造收益。

這樣做的結果，不是一般人以為的都更會拉高房價，而是只有房價拉高的時候才會產生都更。

「因為必須要財務預測好的地區才可能都更。」彭揚凱說，「否則，都更之後沒市場銷售可能的地方，再破爛也沒有建商願意來進行都更。」

也因為有了郝龍斌時代留下的「都更一坪換一坪，附停車位」辦法成了錨定點，使得台北市的都更遲遲難以加速。

民意代表拱高的房價

每到選舉，政治人物的看板會到處掛。這不只是花錢，有些精華地點還不是花錢就能掛得到。

「你注意看看的話，很多精華地點掛的民意代表的看板，都是有建築業背景的。」彭揚凱說。「並且歷年政治獻金，不論中央或地方都是建商最高，還是枱面上的。」

政府帶頭炒作土地，因為那是政府缺錢開發財源最快的方法。在這件事情上，從中央到地方，政府和民意代表既可以水幫魚、魚幫水，民意代表也可以從多重管道向政府施壓。

區段徵收、強制拆遷，是他們常用的工具之一。

土地徵收鬧出抗爭，不外乎兩個戲碼：政府在可不徵收民地的時候，偏要徵收；可以不必徵收那麼多民地的時候，偏要立下各種名目擴大徵收。

另一方面，立委也經常阻撓政府相關立法。

二〇一一年，馬英九政府時代，「平均地權條例」有過一次修正。雖然有實價登錄的突破，但是在國民黨立委過半數的立院打了許多折扣，包括不含預售屋的買賣；沒有門牌揭露（去識別化）；實價登錄沒有即時化（公告時間有落差）。

到蔡英文政府上台，二〇一九年行政院又提出「平均地權條例」的部分條文修正草案，這次把二〇一一年未能竟工的部份都包含進去，因而有「實價登錄2.0版」之稱。然而送進立院之後，但是這次在民進黨立委過半數的立院又被刪成了「閹割版」。

這次修正案通過後，因為引起的反彈聲浪很大，所以等到二〇二〇年蔡英文連任之後就再次提出修正，終於實價登錄包括了預售屋，也即時公布，並且揭露門牌，完成了所有資訊透明化。

然後今年「平均地權條例」再進行一次修正，終於這次連限制預售屋轉售也包括進去了。

二〇一九年在爭議聲中通過平均地權修法的時候，當時《風傳媒》有一個「立委政商關係大搜查」系列的報導，指出「臺灣歷屆立法委員選舉，建商從來未曾缺席，具建商背景的立委多如過江之鯽」，縱跨前後時期，橫跨藍綠各黨。

而當時一一三名立委中，至少十五名立委具備房地產、營造工程背景。其中國民黨籍九位，民進黨籍六位。

除了上述平均地權條例修法的例子，彭揚凱還提了另一件事。這幾年蔡英文政府儘管祭出多種打房手段，但是卻又很矛盾地大幅放寬銀行法、保險法裡允許金融機構投資房地產的比例。彭揚凱說，這應該就是立法委員遊說的影響。

至於在地方上，民意代表有建商背景的更多。「新北市議員不分藍綠，有一半有建商背景。」他說。「有建商背景的民意代表影響都市計畫，也會設法拿到容積獎勵。」

彭揚凱說：馬英九政府時代，民進黨在居住政策上是稱職的在野黨。例如社會住宅會成為公共議題，就是二〇一〇年民進黨率先表態。隔年馬英九政府也接受。

二〇一一年第一次修正平均地權條例，馬英九是在連任的選舉壓力下，對立委下軍令狀過的。

但是彭揚凱說：「在居住政策上，國民黨是個失職的在野黨，沒有任何主張，連時力、民眾黨都比不上。」

因為國民黨沒有扮演好在野黨的角色，造成民進黨我什麼時候想過才過的心態。

房地產對二十到四十歲的人最有感。「國民黨不在乎這件事情的優先順序，也會反映在選票上。所以他們缺少年輕人票。」彭揚凱說。

黑市化的租屋市場

對二十到四十歲的人來講，租屋的課題要比買房來得更迫切。

對於租屋課題，現在民進黨政府的政策是提供租屋補貼，去年列了三百億預算，然而實際只發出了五%。

彭揚凱和林洲民都說不是補貼的條件列得太苛。相反，是列得太鬆而沒有原則了。

那為什麼出現這種情況？

因為租屋市場最需要面對的，不是房租太高負擔不起需要補貼的問題，而是賣方市場。

租屋者在臺灣面臨的問題有三個。

首先是太多人有租屋無法設籍的困擾。

二是租屋市場沒有平均租金可以依循。

三是租屋的品質沒有保障。

而這三個課題的源頭其實在一，就是租屋市場以個人小房東佔九成，而七〇%到九〇%的房東為了逃漏稅，不申報，造成租屋市場不透明、地下化。

戶籍法，住在一地超過三個月，就要設籍。但是臺灣租屋市場由於房東想要免稅，所以不准租屋的人設戶籍。你要去申請，房東不准。你可以單方去設籍，但是房東也會使用他的懲罰手段：不續租，或是漲房租。

臺灣社會的房屋買賣早習慣使用定型化合約，但是租約到現在還不是。結果不但在合約裡加些不合理的但書，甚至有的房東只讓你看一眼合約後他就自己收起來保管了。你要爭，就不租給你。

二〇二一年內政部和電信業者合作，調查各地夜間使用手機的情況而做的「電信信令人口統計」，查出六都夜間人口比戶籍人口多出一百萬。其中台北多二十萬，新北多四十萬。

彭揚凱說，這些多出來的人數，可以推估為居住在當地卻沒有設戶籍的人。打個八折，也有八十萬人。都是房東不准設戶籍的受害人。

房東不准設籍，給在外居住、生活的人造成多種不便。也剝奪了他們在都市裡的福利權。首先是租金無法抵稅。

民進黨政府雖然有注意到這個問題，但是只想花最小的成本來解決年輕人的租房問題，就是發放租房補貼。

但，實際上申請不到。

過去要有戶籍才能申報。因為行不通，政府放鬆為只要看到租屋合約就可以。因為房東要求提供租屋合約也不行，再放鬆為出示的合約可以塗抹掉房東姓名。但儘管如此，還是窒礙難行。所以才出現去年中央政府列了三百億租屋補貼，各個地方政府實際發放的比例才百分之五的情況。

於是今年七月開始，又再進一步放鬆，連租屋合約都可以不提供了。

租屋補貼本來是要提供給低收入的人的福利，給社會裡大約三〇%的人使用。但是因為發不出去而一再放鬆的條件之後，現在是要發給八〇%的人。每月房租在三萬元以下的人都可領。失去了原先是要補給經濟條件差的人的原意。

此外，因為租屋市場的不透明，所以臺灣租房子的人根本沒有各地的平均房租可查，並且也沒有租屋品質的保障。

像紐約這樣的城市，會有平均租金，租金控管，會有租屋權保障，有房屋在最低限度以下不可出租的保障。但是在臺灣都沒有。

臺灣各地政府搞不清到底有多少租戶戶數，從而各地當然也談不上會有平均租金，更談不上對租屋品質、安全的管理。

失去原意的包租、代管

為了改善租屋的問題，社會住宅的政策開始登場。但是社會住宅的規劃、興建都需要時間，所以拿蔡英文的八年二十萬戶社會住宅政策來說，其中十二萬戶是興建社會住宅，八萬戶是「包租代管」。

我原來以為「包租代管」是一個名詞，聽彭揚凱說，才知道是「包租」和「代管」兩件事。

臺灣的租屋市場不但是黑市，許多房東對房客還有歧視。老人、障礙者，單親媽媽等，都往往被排斥。

「包租」主要是為了解決這個問題。政府委託第三方來向房東承租房子，把房子整修後再當二房東出租，和房客簽約。這個二房東不歧視承租人身分，也提供租約給房客去設籍、申請租屋補貼。

此外，包租最長可一次三年，租金不漲。

「代管」，是政府委託的第三方來尋找房客，但是由房東和房客簽約，而房客可以使用租約來設籍並且申請租屋補貼。第三方主要是代為處理原來所有房東要處理的事務。

到二〇二三年中，八萬戶包租代管的目標，達標五萬戶。而其中八〇%是代管，包租只有二〇%。

實際實行下來，不論是包租或代管，都無法免除房東挑房客，歧視房客的現實，失去了這兩個辦法原先想要保障弱勢族群租屋權利的本意。

本來包租和代管的租金都希望便宜一些。包租維持在市價八折，代管維持在九折。但因為房東不樂意，多是先把租金拉高一些再打折，反而推升租屋價格。

「就財務的考量來看，做一戶包租代管等於付兩戶租屋補貼，是很不划算的。」彭揚凱說。

而因為包租代管的使用者又可以去申請房租補貼，所以這兩個政策的實際受惠者人數會被重複課算。

租屋的解決方案

我問彭揚凱解方何在。

他說所得稅法規定要申報房租收入，但是實際上有七〇%到九〇%的房東沒有申報，逃漏稅。

當一個法令有這麼多人違背，有這麼多人沒有申報的情況下，政府能做的只有兩件。

一是大規模抓逃漏稅的。

這並不難。政府只要盯緊各個租屋網，按圖索驥，把一家家出租房屋的人抓出來。但是一來工作量大，二來更可能租屋量的供應，三來有政治影響。

還有一條路是修法。

房東想逃稅的主要原因是，照現行綜合所得稅的計算，他們擔心一旦計入房租所得，會使所得跳級，適用更高的稅率。

所以修法首先是把租屋所得分離課稅，不要綜合課稅。

然後房屋所得稅率收低一些，象徵性地收。國家財政上反正過去就沒有從租房所得上收到過稅收，沒有稅損。

然後不溯既往，打掉歷史共業重練。開始申報計稅的房子，不會追溯過去。

再來就是加上落日條款，設定一、兩年時間讓房東登記。過了這段時間還不登記，仍然要繼續不肯申報的房東，就要從嚴處罰。

租屋市場上七〇%到九〇%是黑市的房東一旦讓他們的房客設籍，可以申報租屋補貼，政府的租屋補貼就有地方發了。

不只房客有好處，政府也有好處。有了租屋戶數、租金的大數據，就可以掌握房租的平均水準。否則，現在的房租漲跌都是隨各人。

而租屋補貼到底是發三千還是發二千，都沒有依據。

彭揚凱說，接下來他們在租屋政策的改革上，會成立房客維權組織。

社會住宅不只是不足的問題

看過了購屋和租屋的問題，就可以知道社會住宅的核心課題。可以說，社會住宅就是政府為了解決購屋和租屋不易的問題，提出只租不賣的方案。但臺灣的社會住宅從開始就先天不良。

一來因為社會普遍有「住者有其屋」的觀念，所以對社會住宅不夠重視。二來因為社會住宅和國民住宅的聯想，大家擔心社會住宅在自己家附近會拉低房價，所以不夠歡迎。

施尚廷說：歐洲是推廣社會住宅最成功的地區。荷蘭接近三〇%，英國大概十七%，丹麥也差不多二〇%，芬蘭差不多二〇%，瑞典在二〇%以上。

相較之下，美國很低，只有六．二%。

而亞洲地區，日本是五%，韓國是八%，新加坡是八．七%。

彭揚凱說，臺灣的住宅總數是九百萬。蔡英文政府上台時，說八年要蓋二十萬戶社會住宅，其中去除包租代管的八萬戶，要興建的社會住宅是十二萬戶。

這十二萬戶裡，截至二〇二三年八月底，實際蓋好的只有兩萬一千多戶。而就算十二萬戶全部蓋好，住會住宅的比例才一．三％而已。

社會住宅如此緩不濟急，解方何在？

彭揚凱提的方案是，儘量鼓勵擁有房屋的人出租房屋，減少空屋率。

照每十年的人口及住宅普查，二〇二〇年臺灣有一三％空屋率，相當於一百萬戶，其中新屋特別高。而國際上的平均是三％到五％，臺灣超額太高。

彭揚凱說：一百萬間空房，有十萬戶出租就很好了，比蓋社會住宅快多了。

臺灣歷任政府雖然都號稱要推囤房稅，但並沒有真正的囤房稅，而只是在自用三戶住宅之外，從第四戶房子起算的房屋稅微幅提高。何況臺灣的房屋稅率本來就低。第四間房子如果以三、四千萬元來估算，一年也只課一萬多，稅率大約萬分之五。而美國有些地方可能高達百分之一。

所以彭揚凱說用這樣的方法來達到課囤房稅的作用無法看到效果。

他的建議是徵「空屋稅」。

空屋稅應該和地方稅脫鉤，成為國稅，多屋重稅，並累進。但是，如果出租的話就免徵、僻鄉不算，並加上落日條款。最後如果真的徵到稅的話也指定特別用途，用在社會住宅上，如同房地合一稅。

社會住宅的另類解決方案

目前新建社會住宅數量遠遠不足。社會住宅的需求是明顯的，又應該盡快蓋起來，但是我們蓋的速度看來緩不濟急，解方何在？

施尚廷提出一個另類解決方案。

「我們現在最大的問題還是在於，我們的勞動市場都集中在城市，」他說，「我們現在有很多的大學應該要進入到退場機制。那學校可不可以轉移成為社會住宅？」

彭揚凱完全同意社會住宅不見得要新建的看法，可以多元。用退場的大學來改建是一個方向，但他說要看地區，不能在偏遠地區。

「都市裡，政府一堆公有閒置房舍就可以活化。」他說。

巢運他們現在的辦公地點，就是過去給單身老兵的宿舍。前後有十幾棟。

他說國外還有從民間找第三方建商的例子。像荷蘭的社會住宅全部都是民間一百間住宅法人興建的。「但這要透過國家政策支持。提供土地、融資，政府還要給租金補貼。」

即使要求一般開發商也可以。像紐約前任市長白思豪，就畫出開發地區後，要求建商規劃出一定比例是社會住宅（Affordable Housing）的。他則相對給建商容積獎勵。

「政府需要有和建商談判的能力。」彭揚凱說，「但是臺灣的政府是碰上建商就下跪，容積獎勵都是免費送的。」

我問他，那解決社會住宅問題最關鍵的是什麼？

「持續。」彭揚凱毫不猶豫地回答，「公共政策最重要的就是延續。我們要讓每一任總統、每一任市長都持續興建社會住宅。」

年輕世代受損的公民權

在都市工作、生活的年輕世代，因為租屋市場的黑市化，遭遇歧視，沒辦法在自己居住的地方設戶籍，不只是沒法申請租屋補貼，傷害到福利權。

我聽彭揚凱最後的分析，最感震驚的，是年輕世代在他們工作、生活的居住地沒法設籍，也因而沒有投票權，這是對他們個人公民權、社會權的侵害。

「如果他們能在自己工作、居住地點有投票權，應該可以大幅改變地方政治。」彭揚凱說，「想想看，在台北市那二十萬沒設籍的人、在新北市那四十萬沒設籍的人，如果他們可以設籍，擁有投票權的話，會對傳統的政治力量和版圖產生多大的影響，對改善地方政治產生產生多大的影響。」

「在台北市工作了十年還不是市民的人，應該明白這是什麼意思。」他說。

他們的損失又不止於此。

因為無法在工作、生活的都市設籍，每到選舉，年輕人要返鄉投票，是常聽到的。

彭揚凱說，「年輕人只能返鄉投票，是莫大的荒謬。很多人因為返鄉投票的交通和時間成本，就只能放棄自己的權利。」

總統大選，他們感覺到攸關國家的生死存亡時，會不惜時間、金錢的代價，返鄉投票。

但如果只是立委選舉，尤其如果只是地方選舉，他們大多就放棄了。

結果，在他們工作、生活的都市，政治人物會覺得「你們沒有票，不必理你們」；在他們的家鄉，政治人物會覺得「你們反正不會回來投票，不必理你們」。

年輕世代成了在哪裡都沒有人理會的人；政治人物在開支票的時候，也不會把他們放在心上。

年輕世代的憤怒，不是沒有來由。

九、不只是低薪的問題為什麼缺工

疫情解封這兩年，臺灣各個行業復甦，但缺工的情況嚴重。不分行業都出現事求人，找不到員工的情況。

這是怎麼形成的？

在這段時間的訪談裡，我看到兩個可能。

首先，仍然是低薪的因素。

林宗弘教授說：在臺灣的勞動人口裡，受到嚴重剝削的就是年輕人低薪族群。從一九九九到二〇一六年，十七年間臺灣的名目所得都沒有成長。八年前在馬英九政府執政的末期，甚至倒退到比十六年前還低。其中在他任內發端的二十二K，形成了崩世代的薪資參考水準，尤其對年輕人的影響重大。

八年來，蔡英文政府逐漸提高最低工資，從二〇一六年的二〇、〇〇八元提高到剛通過的二〇二四年的二七、四七〇，增加了三七%，但是林宗弘認為這只是回復到崩世代的平均線而已。雖然二〇一六年到二〇二〇年的實質薪資開始反彈，如果加入通膨等因素考慮，最近疫情這三年民眾平均薪資或中位數所得仍然是倒退的。

「二〇二二年臺灣受雇人員的薪資中位數是五〇．六萬元，按廠商規模別分，五百人以上廠商員工全年薪資中位數七二．八萬元，四人以下者僅三六．四萬元，可以想見年輕世代在中小企業的低薪之下很難有未來。」林宗弘表示。

相對於他的分析，許多產業的老闆還是有他們不解之處。

許多公司都已經一再調高薪資，仍然苦於找不到人，也苦於不知其原因。

一天下午，我訪問了一位經營橫跨飯店、餐飲、百貨的老闆M女士。

她也說是缺工情況嚴重。以飯店的房務清理工作來說，她們現在不斷提高工資，如果以清理一個房間平均三十分鐘計，一天清理十個房間的話，一個月工資可以拿到五萬元了。「但是仍然缺工，找不到人。」

她聽另一間做大型婚宴酒席的餐廳老闆說，現在缺工缺到都沒法接辦婚宴了。而從媒體報導上也可以看到許多樣的說法。

M女士在她看到的缺工問題之外，還談了一個對「斜槓」的好奇。

「之前大家喜歡當上工作穩定的店長，但現在會寧可辭職找一個兼職的工作，再多加幾個斜槓。」她說。

和她談話的時候，她剛去了趟北京回來。她看到中國在疫情之後年輕人普遍因為缺乏工作機會的苦惱，所以能有工作的人都變得比以前的服務態度敬業很多。她好奇不知是否能用「虛無」來形容很多臺灣年輕人現在的心理狀況。

而缺工的情況又不只發生在商業領域。曾經擔任過黑潮文教基金會執行長的張卉君說，據她所知，許多非營利事業現在也都難以找到願意進來工作，前後傳承的人。

這到底是為什麼？

無望

八年前，我寫《如果台灣的四周是海洋》的時候，有一章專談「被遮蓋希望的年輕人」。

我看到讓年輕人感到無望的，低薪資、高房價還不是最嚴重的壓力。那時年輕人最無望的，就是看不到自己在社會裡的流動性，發現社會的天花板太低，所以有人幹譙，出來大腸花。

我訪問當時二十八歲，剛創立貝殼放大不久的林大涵。那時他看到臺灣的困境是：「經濟發展是接力賽，臺灣現在這一棒跑太久，又沒看到下一棒。」。而他看到的年輕人情況是：「耍廢的佔七〇%，沒有任何表示的佔二〇%，父母培養的優等生佔八%，真正自己在想什麼的佔二%。」

八年後，我以同樣的兩個問題問了林大涵。

首先，林大涵說他今天已經不用接力賽的角度來看經濟發展的過程。「為什麼不是一棒接兩棒，兩棒接四棒，四棒接八棒，開始跑向不同的地方？」講話速度本來就快的他說，「不只臺灣，應該講整個世界的每一個國家看到的東西都不是一個單向的跑道了。」

至於當年談年輕人耍廢的部份，林大涵說自己當時太淺薄，實際上有許多人努力的地方他都不知道。並且，「所謂的耍廢可能是因為他生活壓力很大，光是維持一般的生活，在他力所能及的範圍裡面已經盡了他所能的一切。」他說。

王景弘談他看到的另一個角度。

王景弘大學讀資管，離開學校後，第一個工作去桃園縣社會局，從此對公眾事務產生了興趣。他不只幫柯文哲打贏過選戰，也創過業，還幫不分藍綠，從中央到地方的政府工作過。

他的年齡也是三十多歲，但因為玩遊戲，所以結交很多三十歲以下的年輕人。

王景弘的觀察是：八年前年輕人雖然有社會流動性低的問題，但那時還有一個龍門，如果你考上了很好的大學，可以拿到很高的待遇，還有科技新貴這種路可以走。

「你會覺得還是有一夕致富的可能。但是因為那樣的人很少，所以相對的剝奪感也蠻重的。如果沒走上那條路，你會覺得自己是個魯蛇，覺得被壓抑。」

可是看今天的年輕人，王景弘覺得處在一個更棘手的狀態。

「以前的孩子會說要去當太空人，或者要去當科學家，或者要去當律師、法官什麼的，可是現在沒有那種崇高的指標。他們真的不太知道自己生存的意義跟價值是什麼。」王景弘說。

「現在是，他們不知道自己在這個狀態下到底要為了什麼事情而勞動，為什麼要工作。」他說，「我覺得這社會變化太劇烈，像以前傳統年輕人要走的路，不管你是買房子還是成家立業，現在都成了很奇怪的說法。」

所以他們就會沉浸在短時間的娛樂裡，比如說手遊，或者是那種電商的娛樂，或者是一些遊戲。「他們自己手上的錢，都被訂閱制的視聽、遊戲，固定地抽走。」他們收入的狀況沒有好，沒有辦法展望更好的未來，然後另一方面是存下來的錢也不夠，實質的購買力也很低，「於是整體上我覺得一直處在今朝有酒今朝醉的狀態，不會去考慮以後的事情。在今年二十歲上下的那個位置的人，很明顯。」

達摩媒體股份有限公司執行長林合政，我知道他多年來持續開發新型態行銷，對年輕世代有觀察，訪問了他的意見。

林合政說，八年前是新舊世代交替之際，當時政府沒有和年輕人對話，所以年輕人躁動。

「這八年來，政府看來和年輕人在對話，但承諾的事很少兌現，」他說，「年輕人感受不到要對抗的是什麼，但又感到自己的希望沒有被兌現，心灰意冷。大家已經不看政見，因為政黨已經毫無作用，不如投網紅。」

林合政也指出八年後有疫情的影響，加上資本市場的增長變弱，創投圈切割，年輕人小創業很多，但餓不死，也賺不了錢。

我也訪問了《報導者》的創辦人何榮幸，聽他的觀察。

何榮幸認為：雖然八年來臺灣的經濟表現進步，基本薪資也有調漲，但是年輕人的世代不正義感反而更擴大了。

這其中一個原因是產業發展的重點仍然在半導體和電子業上，並且佔比更形突出；另一個原因是薪資趕不上物價、房租、房價，高薪工作被上個世代佔據的不平，連進入最多人參與的服務業也遭遇許多問題。

這可以從《勞基法》談起。

《勞基法》的法裡法外

二〇一七年十二月二十三日，有過一場反《勞基法》修惡的遊行。那天年輕人在街頭的憤怒，令人難忘。

那天晚上六時之後的遊行，是一群和傳統的工運與勞團無關，不是大學生就是剛畢業沒多久的年輕人，沒有組織也沒有章法，卻以小博大，寫下街頭運動的新頁。

他們把民進黨年輕黨工罵得抬不起頭來，他們也把柯文哲逼得現形，露出對年輕人「逮捕丟包」一點也不手軟的本色。

當時一年內《勞基法》兩次修法所爭論的焦點在休假多少的時間上。

而民進黨政府因為沒有經濟發展的新策略、新視野引導，結果在製造業和傳統觀念的壓力下進進退退，幾方面都不討好。最後引起年輕世代的憤怒。

當時許多學者都指出，這會耽誤許多產業應有的轉型和升級，背道而馳，造成更大的危機。

很多人遺憾修法後的《勞基法》沒能兼顧新經濟與知識經濟的需求，把新的產業、工作、生活、知識型態產生的變化納入，而對照今天的現實，果然沒法照應年輕人喜歡的斜槓、外掛工作，以及科技新創企業需要年輕人投入工作的彈性。

但是修《勞基法》是如此敏感，成了許多人在想但不敢輕易觸及的問題。

何榮幸則認為，比起《勞基法》無法與時俱進，臺灣更大的問題在於許多產業和企業主的心態。

「以《勞基法》來說，那只是對員工基本保障的下限，但是在臺灣，很多人卻當成了天花板。」何榮幸說，「上有政策，下有對策，很多老闆反而更利用修法，設計些不合理條件，讓員工為了保住工作，自己摸摸鼻子吞下去。」

他說許多年輕人進入服務業碰到的問題，就是很容易碰到慣老闆。

臺灣不分製造或服務業，各行各業的老闆都很拚，而長期只注重 cost down 的文化下，企業很少真正把員工當作重要資產，總喜歡一個人當好幾個人用。

「臺灣服務業的一人多工現象，放諸國際是很特別的。」他說。呼應他的話，看看在臺灣無所不在的小七裡的工作人員，每個人在做的事真是無所不能。

所以許多人衡量之下，寧可自己創業。何榮幸說現在年輕人開各種小確幸、小日子型態的店，不只是臺北的現象，以他在各地做採訪報導的經驗來看，已經是全臺灣各地都在發生。

而我從另一個人身上，聽到對年輕人趨向「斜槓」的另一種解釋。

流量和「親人」

今天這麼多年輕人寧可小確幸創業，實際的成功機率如何？

林宗弘說，臺灣企業的創業率，在一九九三年達到一三%的高峰，歇業率只有三%左右。但是到二〇〇九年，創業率和歇業率都來到六%左右。至於去年的數字，創業率是六．一四%，略高於歇業率的四．一四%。

三十年來創業成功率的對比這麼大，就可以說明今天年輕人面臨的壓力，不是之前世代常認為的「我們當年可以如何如何」心態所能理解。

只不過另一方面，生命自有出路，B告訴我今天年輕人另有創業成功率顯示不出的另一個出口。

B出身傳統服裝品牌行銷工作，近年來一直在關注新世代年輕人的網路活動。

當我問她有關年輕人的斜槓心態時，B笑了起來：「如果你可以一個晚上賣一貨櫃韓國棉被，為什麼要上班？」

她說這兩年臺灣很瘋韓國的棉被，又輕又暖。結果去年有天晚上她目睹了看到一個三十來歲的年輕人在釜山一家棉被店直播，把全店各種各式棉被、毛毯介紹了一遍。並現場示範一床棉被用真空袋壓縮，要網友限時下單。

「我親眼目睹她當晚集滿一貨櫃訂單，立刻抽獎，免單優惠。」B說。之後貨到之後，那位直播女孩子親自秀倉庫裡成山成塔的貨物，還有許多年輕「小幫手」在忙著包貨、出貨。「她還會秀稅單，還會做公益，所以死忠粉很多。說二〇二一年賣了三個貨櫃。」

而B看到至少有三個人在賣韓國棉被，建議我下次回釜山的時候不妨去看看，整棟棉被市場的大樓，幾家商店門口貼著大字報：「熱烈歡迎臺灣顧客，特別加送禮物。」

B說，這種直播銷售，不只棉被，覆蓋了香水、日常用品、保養品，地點也從韓國、曼谷、清邁、日本、義大利、蒙古，除了防偽高級精品、3C產品之外，幾乎無所不包。

「以前百貨服飾品牌曾經受過網拍服飾品牌巨大衝擊，」她說，「現在曾經當紅，不可一世的網拍服飾品牌也深受衝擊，難以招架。」

這股潮流影響之巨大，她說從實體店面的立場轉變可以看得很清楚。過去以服飾業為代表，很多行業的實體店都拒絕顧客在店面未經申請就拍照、錄影，但現在很多大幅改變，不但歡迎還協助拍攝、支援換匯。

我訪問B那天，她秀給我看一家清邁的店正在連線直播，現場可以看得到有好幾組不同的直播帶貨在進行。

「以前最主要的行銷 4P 裂變，不但不是百貨同樓層的廝殺競爭，也不是網路平台同品類的競爭，現在是同類產品全球同時各種價格帶的競爭。」B說，「我每天不停地接收各種新品推送，而我還主要是臉書社團，沒有用年輕人愛用的蝦皮、抖音上的。他們就更多了。」

然後那天我聽她講了一句深刻難忘的金句：「你經歷過流量的生活，才知道上面才是『親人們』。」

B的這個金句不只讓我更體會到為什麼今天許多年輕人不再想走傳統職場之路，也讓我更可以體會K教授在感嘆的是什麼。

斜槓與茫然

K教授在一所師範體系的大學美術系任教。

我會想到訪問她，是因為之前聽她說，近年來她因為向她求助的憂鬱症學生過多，多到某一天突然意識到她自己也感染了莫名的壓力，而不得不強迫自己暫停休息一年來調整身心。

我想從她那裡打聽一下目前二十上下年輕人的憂鬱是什麼。

K教授看到年輕學生的憂鬱，除了原生家庭的因素之外，最多的是對未來的茫然。

然而這茫然的主要成因，不是因為不知道有什麼可以做，而是相反地，因為接收到的訊息太多，不知如何選擇。

「今天資訊太多、誘惑太多。年輕人普遍睡眠不足，因為網上可以看的東西太多了。思維也跳躍。」

K教授說最近有一名畢業兩年的學生來找她，重度憂鬱。

「她就是選擇太多，可以承接的事很多，結果很慌張，有莫名的焦慮感。」

這樣的結果是：沒法全心全意地經營事業，保留各式各樣的退路。因此嘗試多種斜槓、外掛。

十年前年輕人畢業後進入一個工作即使不適應，也要翻滾一陣才退出。但現在很快就會放棄。她舉了個例子，是一個著名的比賽油畫組首獎得主，畢業後很快改行去做刺青。

因為科技的變化、行業的變化太快，很多學生在不斷地學習的過程中，一方面會覺得每條路都充滿了未來和刺激，但另一方面又會不斷地問自己：現在學了這個之後，將來不知道還會不會有用？

「新AI登場之後，這種茫然和惶恐就更多。」她說。

而八年前後學生本身的情況也大不同。

她說今天的學生要比過去更直接。「七年級的學生還滿刻苦。用我們過去的方法講給他聽，他還聽。八年級的學生他有意見要表達，會到網路上年輕學生的社群去說。而九年級生則是直接到一般社群媒體去吐槽、申訴、宣洩不平。」

因為資訊充斥，年輕人想要知道的事情，不難得到答案。但是也因為到處都是資訊，會馬上知道四周有很多厲害的人，也會影響到自信，覺得自己沒那麼厲害。「這些比較心就又產生很大的心理壓力。」她說。「他們的眼界早已打開，但是想要過自己夢想的生活卻怎麼也達不到。三、四十歲根本買不起房子，只能一直租房子。」

K教授說，學生最晚到進入高中應該多些時間思考對人生的規劃，而現在的教育體制給他們的時間不夠。

事實上，不只給的時間不夠。

十、不只是多巴胺的問題
當孩子不知道白雪公主的時候

每一代的年輕人，隨著他們成長的時空環境的不同，都有所不同。

但過去，在世界的變化相對比較單純的時候，他們的環境還是有一些相聯的共同點。

譬如高山、峽谷、草原、沙漠，雖然不同，但起碼都在陸地上。

等世界變動快速又巨大的時候，則像是由陸地進入海洋。由陸地入水，已經是不同，而淺灘、近海、深海又是巨大的不同。

在這些不同環境裡成長的年輕人，所看見的不同，所記憶的不同，所想的不同，行為也不同。

黃丞儀跟我說：今天四十歲以下的檢察官，所受的教育就和過去有很大的不同。他說有一次演講，提到民國十七年發生的大事，以為大家都知道是什麼，但結果沒有人知道他說的是北伐。

八年前曾經是年輕世代代表的林飛帆，承認他現在是三十多歲，對三十歲以下的年輕人在想些什麼，已經不是很清楚了。

今年二十四歲的溫約瑟跟我說，他還知道太陽花運動是什麼，因為那時他是國中。但是再小兩歲的人就不知道了。因為那時是小學。

但是最能說明陸地和海洋環境不同的，是一位童書志工告訴我的。

她長期周末去圖書館當兒童讀書的志工有二十年時間。而她說近年來最特別的，是幼稚園大班的孩子，已經不知道白雪公主和灰姑娘是什麼了。

白雪公主的故事，是從一九三七年迪士尼拍了卡通之後，流行全球。而從那之後幾乎長達百年的時間，迪士尼所產製的各種童話卡通，以各種版本流通於全世界，影響了全球兒童的童年記憶。長期以來，一代代的年輕人儘管成長的環境、時代不同，追求的流行不同，但是擁有對於像白雪公主、灰姑娘這些家喻戶曉故事的記憶，則是共通的。

而今天的兒童說是不知道白雪公主、灰姑娘，充分說明時代的變化有多麼急劇，陸地世代和海洋世代成長的環境有多麼不同，對世界的認知落差有多大。不只陸地世代和海洋世代不同，即使同屬海洋，淺海和深海也有多麼不同。

因為今天影響年輕人認知世界的媒介和過去完全不同。

多巴胺上癮

影響不同世代認知的關鍵因素，是閱讀。

正像飲食習慣形塑我們的肉體狀態，閱讀習慣則架構我們的心智狀態。所以我也一直用飲食的比喻來說明閱讀習慣。

思想、精神層次的，像是美食；在工作、生活、考試上實用的，像是主食；字典、百科全書等工具書，像蔬果；漫畫、寫真集等舒壓、排遣時間的，像甜食。而很長時間，起碼在臺灣，雖然說是閱讀習慣一如飲食習慣應該重視均衡，但社會主流重視的是：在文字和圖像之間更重視文字，在四種飲食裡最重視主食。但隨著媒體與相關科技的發展，這些主流習慣持續遭受衝擊。

一九八〇年代起動漫、電動遊戲、電腦遊戲，之後來到網路、手機、臉書、YouTube、IG，以及現在以抖音為代表的短影音，徹底改變了閱讀的樣貌，閱讀的定義。

網路出現像是大分界線。從此，閱讀習慣的四種分類界線日益模糊。網上太多東西混合了美食、主食、蔬果、甜食的成份。

而隨著智慧手機的流行，4G、5G的出現，文字越來越讓位給圖像，以及更後面出現的影像。

同是上網，用桌機和用手機上網已經是不同世代。

同是社群媒體，臉書才剛是年輕世代的最愛，馬上又以巨幅落差讓位給YouTube、IG。

而以抖音為代表的十五秒、三十秒短影音登場後，又進一步連 YouTube 都深到影響，又掀開了不同的時代帷幕。

現在很多研究都指出抖音讓少年人產生多巴胺，欲罷不能的上癮症狀。

其實，如果說多巴胺，即使在最傳統的紙本閱讀裡，也有多巴胺的存在。過去年輕人對武俠小說、羅曼史小說的著迷，想必也有多巴胺的作用。

後來的動漫、電動遊戲、電腦遊戲、網路遊戲，也莫不是有這種作用。

然而到YouTube，尤其到抖音，由於社群、演算法的運作，當多巴胺和手機加同溫層結合起來的時候，就產生了新的質變，和過去任何多巴胺都不同的作用。

過去，我們選一本書讀，是自己走進去的。即使選擇了帶來大量多巴胺的書，大量多巴胺的動漫、遊戲，是自己選的。並且即使走進去，有很多中斷的機會。再怎麼愛看武俠小說，就是租不到的時候會中斷。上學、做功課的時候會中斷。很多遊戲，沒得購買的時候也會中斷。

但是手機是許多人二十四小時不離手邊的，YouTube、抖音上大量免費提供的短影音，無時無刻不把你拉進去，並且用同溫層包住你要看的內容。

換句話說，我們在二十四小時持續不斷地吸食這些多巴胺，以為是自己選來給大腦和心智的飲食，其實卻是社群裡不知來路生產，內容成份往往有害，令人上癮的東西。

二〇二二年八月，皮尤研究中心（Pew Research Center）發表一個針對美國少年

（Teens）使用社群體的調察報告，除了可以看到臉書的使用率在七年左右的時間裡由七一%跌到三二%，而 YouTube 的使用率在二〇二二年高達九五%，TikTok 則是六五%。

而其中很有意思的一點是，美國的少年雖然都很相信自己使用社群媒體的正面作用遠大過負面作用，但是看同齡其他少年人使用社群媒體，卻是認為負面作用大過正面作用。

儘管連少年人自己看同齡人使用的情況，都覺得負面影響比較大，但大家不自覺二十四小時不停地被吸進同溫層刺激多巴胺的情況，很多人以「毒品」來形容。

這個全球現象，臺灣必然也在同步發生。而我們社會有沒什麼特別嚴重的情況？

有。主要來自我們教育體系的因應不足。

教育系統的問題

相對於外面世界的變化如此之大，提供的訊息如此之多，中學階段的學校應該讓孩子在學業成績之外，越早思考、越多思考人生的選擇才好。

但臺灣太多學生仍然在中學六年階段花太多時間為了進入排名好的大學而拚學業成績。

K教授感嘆現在高中生只有高二一年選擇分班，可以考慮的時間太短。而一旦進入大學之後發現不適合，要轉學和轉系的門檻太高。

有三十多年教學經驗，去年剛從文華高中退休的潘如玲老師，則提出她對中學生的觀察。

她說現在的孩子自認為搜尋資訊的能力很強，知性能力很強，但是其他的感受則變弱。

十年前，她如果在課堂上播放性平主題的影片，孩子看了主角的遭遇會尖叫。

「但近來已經不會了。他們會看影片，會說，噢，這樣噢。」潘如玲說，「明顯少了同理心。」

因此她說在退休後最想做的事，就是和其他老師一起繼續探討，如何在不同於過去的AI時代，用不同的方法來對待課堂上的學生。

而中學六年的沉重課業壓力，不但給讀書的記憶刻下太多黑暗的印記，也更驅動這些年輕人尋覓社群媒體及短影音的慰籍。

「手機就是我生命的泉源！」去年我見一位國中二年級的女孩子，她拿著手機向我講話的樣子，像是在發表一篇宣言。

另一位參與教育工作的T老師，則指出現有學校制度和師資培育體系的問題。臺灣學校制度對老師的保障，一直都是世界第一。是終身聘，沒有退場機制，沒有績效考核，也沒有升遷機制等等，所以等少子化學校關了許多後，他們就變成所謂的「超額老師」。

此外，年金改革之後，很多老師覺得退休金被砍了，退休年齡又延後，要再多工作幾年，於是出現倦怠的現象。「現在教育現場有一種氛圍叫原地退休。就是資深老師他還在學校，可是他心情上、態度上就已經退休了，反正他在學校的表現跟他的薪資什麼也都沒關係。」T老師說明。

公立學校碰到倦怠的超額老師沒轍又換不掉，這空出來的教學需求，就由有績效考核壓力，比較有表現壓力的代理老師補上。在偏鄉地區尤其如此，所以有「代理老師救臺灣」之說。

近年來因為代理老師用的多起來，年改的老師退休潮也將到來，監察院要求正式老師比率要提高，代理老師名額最多只能八%。

這個要求造成的變化是：代理老師經由考試轉成正式老師的比例大幅提高，現在造成代理老師人數不足。

且不說代理老師「上岸」有了終身保障之後，還能不能和他之前那樣為了自己次年的續聘打拚，T老師有更大的憂慮。

「大量增聘正式老師，有表面上的正義。但是隨著少子化學生人數越來越少，學校持續增加更多終身聘的正式老師，不用幾年就會出現嚴重的所謂超額老師的現象，會造成財政上非常大的負擔，然後也會造成教育人事更多的僵化。」她說。

僵化的，還有師培系統的本身。

「看國際的研究，其實任何教育改革要成功，首先要改革的就是師資培育，因為他們是執行教育改革最重要的人。」T老師說，「但是我們的師資培育是落後二、三十年的。你如果有機會去看看現在培育老師的課程，八〇% 大概跟二、三十年前都差不多，沒有變。」

我非常好奇這種情況為什麼得以存在，又發現了一個奇特現象。

大家都知道一件事：審計部是監督各部門財務收支，所以隸屬監察院。但是在臺灣的教育體系裡，國家教育研究院具備研究功能，研究成果也可以當作各界檢視教育發展的標準，卻下屬教育部。說起來很像是審計部卻歸財政部管了。

「國家教育研究院隸屬在教育部下面，他們的研究成果就都不能公開，只要是對教育部不利的研究成果就都不能公開。」T老師說。

沒有公開研究資料可以當作評比教育的標準或參考，我們的培育老師的課程當然可以二、三十年都沒改變。

即使當外界的變化如此翻天覆地時。

一個年齡層自殺率的訊號

從網路時代初啟之際，學校老師「傳道」、「授業」、「解惑」的任務如何重新定義就成為重大課題，而現在新AI時代來臨，這個課題就顯得更尖銳了。

K教授說大學生面臨資訊太多、造成承接的訊息太多，反而對未來產生不知如何選擇的茫然。

而我對照著她說曾經太多學生因為憂鬱而來找她尋求支援，造成她自己必須要休息一年的壓力，看到一個數據感到心情沉重。

根據臺灣自殺防治學會的統計，臺灣雖然有三個年齡層的自殺死亡率都從二〇一五年左右的最高峰一直呈下降趨勢，但其中唯有十五到二十四歲年齡層的自殺率是反向呈上升趨勢，來到二〇二二年的新高點。

希望大家能一起來思考這個訊號中的意義。

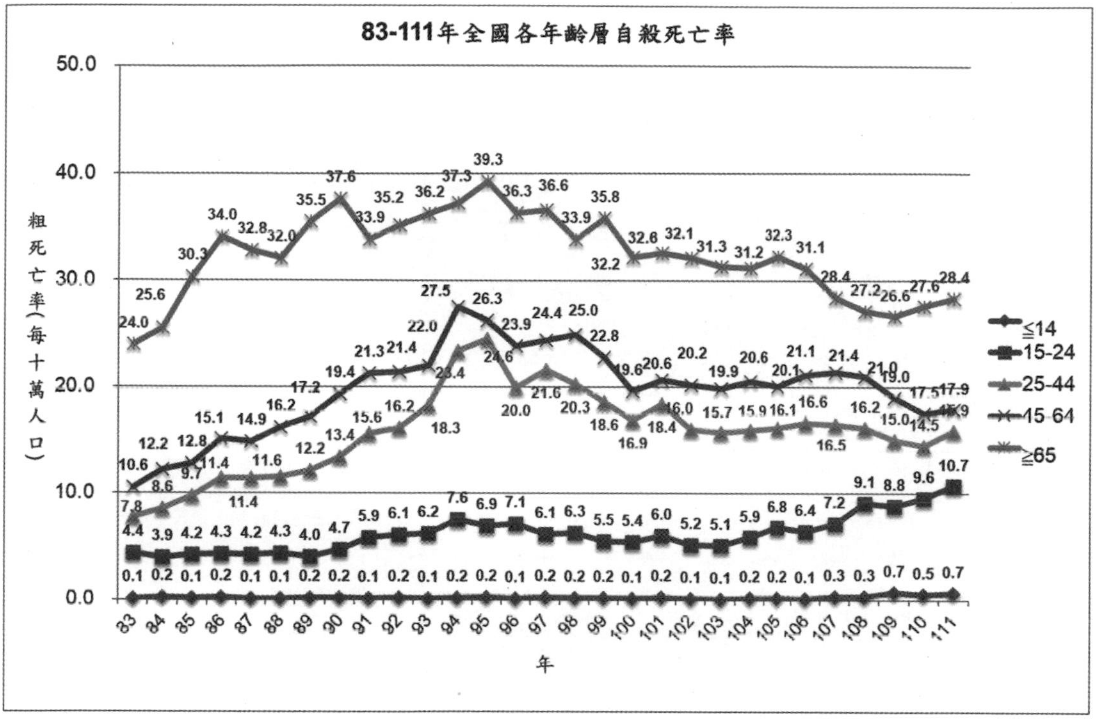

83-111 年全國各年齡層自殺死亡率。圖片來源：全國自殺防治中心。

第四部：海洋

十一、不能全靠政府

從魩仔魚說起

穿過了迷霧和煙霧，看清了牽絆我們在岸邊的大象，可能會感到沮喪。何況每個人心裡還有自己看到的其他大象。

那我們可以做些什麼？都已經如此陳年積痾，在這劇變的世界要改善從何著手？時間來得及嗎？

我在一路思索的過程裡，很幸運地找到讓自己感到欣喜的一個起點。

答案還是海洋。先從魩仔魚說起。

八年前，我第一次訪問海洋研究者、作家的廖鴻基。那是我頭一次得知臺灣的四周雖然是海洋，但我們卻把這海洋變成了無魚之海。

時過八年後，我想問他現在情況如何，但猶豫了很久才開口。

果然擔心成真。

廖鴻基說情況更嚴重。過去花蓮的漁市偶爾還是會拍賣，而今天花蓮區漁會新大樓的拍賣場清淨如新，不曾開張。

臺灣四周的海洋廣袤，海裡的魚卻已經被捕殺殆盡，這讓我聯想到一片廣濶的城市和鄉村，裡面的人卻都已經遭受屠殺的場面。

我鼓起勇氣，但其實沒有抱什麼希望地問他：還有什麼復原的可能嗎？

廖鴻基的回答卻出乎我意料地輕快：「可以做兩件事。」

臺灣人愛吃魩仔魚。用流刺網大量地捕殺。捕魩仔魚的人說，這反正就是種小魚，本來就長不大，產量又多，撈撈吃沒關係。可是廖鴻基說，三萬多種魚裡，沒有一種魚的名字叫作魩仔魚。魩仔魚其實就是鯷科和鯡科魚的魚苗。這些魚會在淡水和海水交界處鹽度比較低的地方產卵，是因為河水會衝下一些陸地的有機質，也會生成像藻類的植物，給魚苗提供天然的養分。而這些魚苗長大一些，則可以成為其他更大的魚的食物。

「牠們九五%到九七%大概都提供給其他魚當食物，」廖鴻基說，「但牠們只要有三%到五%順利長大，還原目標就達到了。牠們形成一種回饋式的生態。」

臺灣連這一點存活率都沒有留給這些小魚苗，也連帶形成近海魚貨量劇減、沿岸漁業消滅的重要原因。

廖鴻基說，只要能給這些小魚苗留一條三%到五%的生路，讓牠們能長大到丁魚香大的尺寸，就可以吸引其他比較遠處的魚來覓食。「其他的魚會因為在我們的沿海有這些魚苗，而願意靠近我們。」他說。「牠們是很好的餌料，在我們的沿海提供很好的誘因。」

連帶要做的第二件事情是：真正設好幾個保護區，不讓任何漁捕進入保護區。這樣三到五年，不只保護區裡的魚可以復原，並且可以產生外溢效應。

只是一開始設保護區，廖鴻基說漁民都會反對，包括沿海居民可能都會反對。但是從東南亞太多例子可以看出，剛開始強制設保護區的時候，當地居民雖然也是激烈反對，然而等三、五年後當地的魚復原，開放觀光，居民可以帶人下海去看魚增加收入，進而讓其他地區的漁村也都想要設保護區。

臺灣最近法令設定了十二個禁止採捕的海洋保護區。廖鴻基說，如果真正嚴格執行，其實只要設三個就夠了。一個在臺灣東部，那裡是一個大洋性的生態；一個在西岸，那是陸棚底區，然後離島選一區，那是跟海更近的生態。

「如果這三區能夠確實執行的話，我相信三至五年之後的外溢效應就會相當驚人。」廖鴻基說，「這樣就會有抓不完的魚，有吃不完的魚。」

我聽他說著話，他的一段段聲音轉化成一個個畫面在眼前躍動著。

「九五到九七%都供應成其他魚類食物的魚苗。」

「只要三到五%存活率就可以復原的力量。」

「從無魚之海轉化成豐魚之海。」

「需要三到五年的時間。」

我們何其有幸。儘管如此揮霍、破壞，臺灣四周的海洋卻依然充滿雄渾、壯闊的生命力。

而海洋給我們的啟發，遠不只如此。

鯨豚的故事

在民主社會裡，我們常講選賢與能；人民是主人，政治人物是公僕等等。其實這些話裡也有誤區。選賢與能，找到好的公僕，好像我們人民的責任就結束了。

我們一直急著想選賢與能，又一直發現自己選出來的不是不賢，就是不能，結果焦慮就來了。

要減輕自己焦慮的一個方法，就是別以為選出了一個政治人物，他或她就是個英明的領袖，可以為我們解決所有的問題。相對地，我們每一個人都要繼續地參與。很多時候，這種參與是監督；也有時候，這種參與是協助，可以幫助政府進行他們自己完成不了的事。

那天和廖鴻基談的時候，很意外地在這個想法上也找到一個例證。

在花蓮，黑潮文教基金會辦的賞鯨活動是很著名，吸引很多人的。賞鯨就雖然是一個商業活動，但是改變了臺灣社會對待鯨豚的文化。

廖鴻基說，多年前，他第一次看到海豚，是在一個魚市場看見的。那個時候，臺灣人殺很多海豚，也吃了很多海豚。

後來，政府開始注意要保護海豚，所以把海豚納入保護動物，不能獵殺。但即使有法令了，硬要禁止捕殺，是會起衝突的。

廖鴻基說，公布政策跟實施政策兩股力量必須同時並進。「光依賴政府也沒辦法，因為他不可能在大部分人反對之下去做什麼政策，特別是像臺灣這樣的環境裡，捕魚的人又比較凶猛。」

大約在那時，黑潮文教基金會也開始保護鯨豚，舉辦賞鯨活動。

所以廖鴻基說，有段時間，同一個海域，這邊有人在賞鯨豚，那邊有人在殺鯨豚。但是黑潮持續辦活動，到去年滿二十五週年的時候，估算已經累計到至少有一千萬人看過鯨豚。

「當臺灣有超過一千萬人次到海上去，看到鯨豚靠近船邊，你不會再討論怎麼吃牠們、怎麼怎麼料理牠們了。」廖鴻基說，「你只會覺得牠們就像朋友一樣。啊，朋友怎麼可以用來吃呢。」

鯨豚成了大家的朋友之後，自然就沒有人會吃鯨豚，也沒有人會捕殺鯨豚了。

廖鴻基說，我上次訪問他之後的這八年來，他也意識到，一個社會的價值觀的改變不會那麼快。

「一個社會從不親近海，到轉過頭來看見海，並且開始能夠應用海洋的資源，是一條漫長的路，不是那麼容易。」他說。

二十多年前，陳水扁執政的時代，開始推海洋教育，但是要調整課綱的時候，反對聲音、比較保守的力量都出現。特別是學校端，很多老師都覺得何必。

廖鴻基記得有一次去教育部開會，在場的校長、主任全都反對，說學校已經忙得不得了了，再來一個海洋教育幹嘛？不如直接撥到鄉土教育就好，何必巧立名目來麻煩老師。

然而阻力雖然大，最後海洋教育還是推進了課綱。也有課外活動，高中生可以暑假去離島參加營隊活動。

到馬英九執政那幾年又有了波折，曾經有風聲說要停掉海洋教育的課綱。後來課綱雖然保留了下來，課外活動、戶外課這個部分還是停了。停掉之後到現在也沒再恢復。

廖鴻基覺得可惜，那個活動已經進行了很多年，他也親眼看到很多高中生，因為參與這個活動，而改變對海洋的一些觀點。

慶幸的是，課綱沒有被改掉。課綱還一直保留著海洋教育的部分。只要課綱還在，他相信只要有政府資源挹注的話，進步就會很快。

社會運動不只可以推動政府去做一些事，也可以輔助政府實踐一些政策，鯨豚這個例子是很好的啟發。

但還不只如此。

探照燈也是聚光燈

明朝從朱元璋登基開始，為了防範倭寇，實施海禁政策。海禁不只是禁止海上來往的貿易，也要退守海岸，不准人民出海甚至接接近海岸線。

戒嚴時代開始，國民黨政府為了防範「匪共」，也實施了半套的海禁政策，雖然不禁止海上貿易，但也警戒人民不要接近海岸。

看廖鴻基說政黨輪替之後，陳水扁政府開始的海洋教育，到馬英九時代又有退轉，可以看出國民黨真的是陸地思維不折不扣的代言人。

然而今天臺灣必須看出未來的希望在海洋，也必須擁有海洋思維。

非常有意思的，其實國民黨政府自己已經預知也預示了這件事，只是他們沒有察覺到。

一九九一年《動員戡亂條例》廢止後，第二年，那之前數十年間在臺灣是兩蔣威權統治的工具也是象徵的警備總部也跟著改制了。改制為海岸巡防司令部，後來再改為海洋委員會海岸巡防署。

一個過去不只聯結著禁止臺灣人民接觸海洋，更令人聞之色變，聯想到類似東廠的機關，變身為從海上巡護臺灣安全的機關了。

這一百八十度變化的改變，讓人很具象地體會到什麼是一體兩面。

從警總改制的意義和作用，我們應該想到：許多從陸地思維看來是危險、沒法接受的事，換個角度從海洋思維來看，可以有完全不同的意義。

譬如危機。

臺灣突然置身於全世界的聚光燈下，並且被《經濟學人》（The Economist）雜誌稱之為世界上最危險的地區，令很多人感到眩目與驚慌。

也有人認為這是美國和中國的角力，臺灣是不由自主地被推進了險境。因此對美國反而產生了憤悱之心。

其實，臺灣在東亞第一島鏈的最核心位置上，我們為自己站在這個兵家必爭的關鍵位置上，可以感到不幸，但也可以感到極其幸運。

中國對臺灣的威脅從沒有消失，只是過去世界其他地方國家沒有注意，沒意識到這種危險。

今天其他國家之所以把臺灣稱之為最危險的地區，是因為今天中國裸露出他們對臺灣的威脅，引來全世界的聚光燈打到臺灣身上。

用陸地思維來看，臺灣現在成為全世界最危險的地方；用海洋思維來看，臺灣的危險終於有幸得到全世界的注意。

陸地思維，會因為自己在這麼強烈的聚光燈下覺得侷促不安；海洋思維，則會因為自己站在聚光燈下的舞台感到自信和鼓舞。

研究國際政治和地緣政治的尹麗喬博士說：很多人講臺灣不要當別人的棋子，其實當棋子，被別人利用也不是什麼壞事，因為國際政治本來就是互相利用的遊戲。

「演藝明星最怕的就是大家不在乎他，不在鎂光燈下。國際政治最怕的也是大家不在乎你，連利用都不想利用你。」尹麗喬說。

過去美國要聯合中國抵制蘇聯的時候，或者全世界都急著和中國做生意的時候，臺灣要當棋子還都當不成。

而今天國際局勢的變化，終於使得臺灣可以水到渠成地成為國際的棋子，重要的棋子。

「如果我們能和其他國家在利益的交換之外，再加上共同民主國家價值觀的聯結，形成道義的互通，那就可以不只是當棋子，還可以成為夥伴。」尹麗喬說。

還可以不只當夥伴，成為顧問。

全世界都在擔心中國的擴張，實際上又沒有多少對中國的瞭解或知識，而臺灣有一個和中國同文同源的獨特優勢，有觀察中國、瞭解中國的最好位置，可以充當全世界觀察中國的眼睛，提供國際上友好國家解讀中國的建議，共同思考有什麼具體策略來確保區域的穩定。

何況，用海洋思維來看，地緣政治也有不同的樣貌。

十二、如果相信海洋地緣政治是這樣的

尹麗喬說，錢復曾經有句名言：兩岸關係的位階高於國際關係。而今天許多所謂藍綠思維、統獨思維，也都是只把臺灣放在兩岸關係的脈絡裡思考的結果。但今天如果不理解國際關係，根本不可能理解兩岸關係。沒有全世界全局的思考，也根本無法處理地緣政治。

尹麗喬認為：從這個角度看，臺灣太多人對兩岸關係的緊張，起因在於他們對國際關係的不夠理解。

放在兩岸關係裡思考，以雙方許多體量來比較，臺灣幾乎唯一的出路就是投降。美國在緊急時刻要不要出兵協防臺灣，也有遠水難救近火的憂慮。然而用地緣政治來看，臺灣不只有第一島鏈的重要價值，涉及美國是否願意把西太平洋，或者甚至說整個東亞，包括印泰，都拱手送給中國。

更何況，時代急劇變化，地緣政治的概念也在變化。

尹麗喬認為：今天的地緣政治早已經跳脫傳統的思維，只是考慮地理位置隣近的一些國家、地區之間的關係。不論你的地理位置在哪裡，地緣政治都必須從全球思維的角度出發。

這正好呼應海洋思維。

用傳統陸地思維來看，臺灣與歐洲分隔不同的大陸塊，天南地北；但是用海洋思維來看，海洋是相連的，流通全球的海水是把臺灣與歐洲連通在一起的。

所以臺灣的陸地位置雖然和歐洲一點也不鄰近，但是用全球地緣政治關係來思考的時候，就可以把歐洲、澳洲也拉進來，把全世界都拉進來。

重新講一個臺灣故事的必要

趁著大家都關注臺灣，我們該講一個臺灣的故事。

尹麗喬說，過去臺灣長期在國際體系裡遭到孤立，有亞細亞的孤兒的心理，覺得我們民主、繁榮，但是好像各國對臺灣都不夠瞭解，也不夠重視，所以容易講出悲情的故事。

「但是太陷入其中，就會變得太臺灣本位。」尹麗喬說，「國際政治很現實。外國政治領袖，他們人民選出他來，就是要保護他們自己國家的利益，不是讓他們來保護臺灣的利益、照顧臺灣的情感。」

太想講臺灣的故事，也會陷入一個盲點。

今年七月，香港導演杜汶澤在臺灣接受一次訪問的時候，提了他對臺灣的觀察和建議。

杜汶澤說他觀察到臺灣有一個現象，「就是對於世界、對於國際的認同感是低的，因為國際對臺灣的認同少，所以出於自然的反應，臺灣也會少了一種對國際社會的認同感、沒有明確感知自己是屬於國際世界的一分子，必須要認同自己屬於國際，臺灣才能走進國際，才能與世界各國互相認識，更進一步與臺灣合作結盟，當臺灣哪一天出什麼事了『人家才會願意幫你、支持你』。」

所以怎麼在國際上講好臺灣的故事，很重要。

烏克蘭正好可以給我們很好的參考。

俄羅斯入侵之後，烏克蘭跌破各方眼鏡，不只挺過了普丁原本想要四天拿下基輔的企圖，還一路鏖戰至今，有守有攻。

這固然是因為澤倫斯基（Volodymyr Zelensky）卓越的領導力，加上他們全民抗戰的意志，但也因為以美國為首的西方各國供應源源不絕的武器和戰備物資。

可是這一切並不是那麼理所當然發生的。

戰爭爆發之前，戰雲密布之際，各國已經在多少為自己立場表態的時候，最令人難忘的是德國。他們表示將會捐助五千頂鋼盔。至於全面抵制俄羅斯能源，當時他們當然更不會提。

而後來，德國不只積極參與對俄羅斯的各種制裁，也對烏克蘭提供了包括他們最先進豹式坦克在內的武器。

連德國這個歐洲原來和俄羅斯能源、經濟綑綁如此緊密的國家都如此，對烏克蘭的支持都發生了這麼大改變，其他國家更不在話下。

為什麼發生這些變化？

最重要的就是烏克蘭講自己故事的方法。

在澤倫斯基寫的《我們如此相信》書裡，看他戰爭爆發後對世界各國發表的演講，令人印象最深刻的，就是沒有一點悲情的敘事。

簡單說，就是他沒有做任何情緒勒索。

而他本來是可以的。

前面談過，一九九四年烏克蘭在美國、英國、俄羅斯共同保證安全下簽署《布達佩斯備忘錄》，銷毀所有核武，到去年俄羅斯入侵之後引起的感嘆。

澤倫斯基最高明的，就是除了在一場演講裡間接提到銷毀核武的歷史之外，從沒有指責當初保證他們安全的國家到哪裡去了；除了提到一些死傷數字，他也沒有特意強調烏克蘭人民在戰爭中有多麼悽慘痛苦。

澤倫斯基所有演講的重點，都在提醒對方國家和烏克蘭在歷史上或價值觀上的共同聯結，讓對方感覺到提供烏克蘭協助是在解決自己的問題，甚至期待和烏克蘭在戰後共同創造新的未來的希望。

澤倫斯基說故事的方法，轉變了烏克蘭的形象和價值。

過去，在大家心目中，烏克蘭主要是前蘇聯時期留下來的一個大穀倉，地理位置上固然在東歐也有其戰略價值，但是和臺灣的位置，尤其在東亞第一島鏈中央的重要性，無法相提並論。

但是烏克蘭今天成功地塑造了他們不只在地理位置上是歐洲國家的最前線，抵抗俄羅斯，也是為全球民主自由國家守護共同價值的堡壘。

臺灣新的敘事可以怎麼說？

尹麗喬說：知道怎麼談判，知道怎麼解讀各國的政治情勢，知道怎麼樣說話才能夠去說服別人來幫助我們，是這種敘事的基礎。

此外，他說臺灣的小說家、詩人、藝術家，大家都可以一起來加入來思考怎麼在國際的舞臺上說好臺灣的故事。

廖鴻基正好舉了一個例子。

故事從《白鯨記》講起的話

大翅鯨是一種長途遷徙的動物。

牠們夏天會在北半球，把北極附近當覓食場，那裡有豐富的北極蝦。吃飽了，天氣變冷，就會選擇到溫熱帶海域來過冬。

夏威夷就是大翅鯨冬天的休息場，夏威夷人以大翅鯨發展國際觀光活動，世界知名。

當然不只夏威夷，還有其他一些國家也看得到大翅鯨。

臺灣，原來也是大翅鯨選擇冬天來休息的地方，在恆春半島。「牠們來過冬、交配、繁殖、生寶寶啊。」廖鴻基說。

但是從日本時代開始，一直到國民政府，有大概七十多年的時間，臺灣一直在捕殺大翅鯨。光是有紀錄的，就有七百多頭。香蕉灣就曾經是捕鯨基地，很多大翅鯨都從那裡拖上來。結果把原來選擇來臺灣休息的大翅鯨趕盡殺絕，一隻都不剩。

現在大翅鯨選擇了菲律賓當冬天的休息場。只剩下春天三、四月的時候，會偶爾看到有大翅鯨會跟著黑潮路過臺灣東部。

國際上對於大型鯨魚很重視。大型鯨魚就是一般指十公尺以上的鯨。大翅鯨就是代表。

大翅鯨本來可以是一個把臺灣和世界連接起來非常有利的橋樑。廖鴻基覺得臺灣敗掉了這個資源太可惜。

如果大翅鯨還以臺灣當冬天的休息場的話，那在恆春半島的高點就可以拿望遠鏡來賞鯨。「加上附近的賞鯨船，應該會吸引很多國際遊客來，熱鬧的不得了。」廖鴻基說，「我們因為不瞭解而失去，更大的遺憾是，我們並不知道我們曾經擁有。」

我問他，那如果民間一起行動的話，大翅鯨是否可能回來恆春半島。

「我問過國外的鯨豚專家，臺灣有沒有可能被重新選擇，他說有可能。但是，不會是短期，需要很長的時間，除非菲律賓的家族已經繁衍到要溢出。」

幸好還有另一種可能。

二〇一八年七月，花蓮有兩艘賞鯨船在五到十二海哩的區域，看到了抹香鯨的蹤跡。

抹香鯨身長有十五公尺，體重可達五萬公斤，比大翅鯨的三萬公斤更重。更深層，也更神祕。

所以今二〇二三年二月起廖鴻基開始做普查。第一季沒有抹香鯨的紀錄，但是第二季就有豐富的發現，七月大概一半的天數都看得到抹香鯨。

「幾乎八〇%可以確定了，抹香鯨就是我們的鄰居，就是我們的朋友了。」廖鴻基說。而他希望持續做三年調查後，再正式向社會公布。

「今天我們問誰是最能夠代表臺灣的野生動物，一百個人裡大概九十八個人會說是臺灣黑熊。」他說，「明明我們的領海也是我們的藍色國土，為什麼我們從來不把海上的動物說是代表我們的野生動物呢？從來不提臺灣海峽的白海豚也是我們的野生動物呢？」

臺灣一直還停留在陸地思維上，這也是一個明證。

所以廖鴻基說他讀《白鯨記》（Moby Dick）時候受到的衝擊。

梅爾維爾（Herman Melville）創作於一百七十多年前的《白鯨記》，有一段寫亞哈船長駕著皮廓號穿過呂宋海峽，往北到日本海的途中，跟太平洋抹香鯨有好幾回合的搏鬥。

「在書裡讀到這裡，看到亞哈船長望見福爾摩莎的時候，我全身雞皮疙瘩！我認識的這些抹香鯨的祖先，曾經跟《白鯨記》的船長搏鬥過欸！」廖鴻基說，「臺灣英雄保證沒有這樣的典故，所以他應該更具有代表性啊！」

所以，臺灣早就透過海洋和世界連接，還是在文學上。

《白鯨記》寫這一段是在書裡的第一〇九章。陪著亞哈船長在船艙裡的，是他的助手星巴克（Starbuck）。臺灣和星巴克的連結，也是早在一百七十多年前就開始了。

臺灣突出於全球的地理特色，有陸地上的例子。我們面積雖然不大，但是因為有地勢的特徵，從熱帶到寒帶的植物都有。

在海裡也是。

世界上最大的珊瑚礁在澳洲的大堡礁。但是去大堡礁可能要用很多年的時間去探索很大片的海域，才能夠收集到所要研究的樣本。臺灣的珊瑚礁沒有那麼大，但是多種多樣，來臺灣的人可以在短短時間就收集到超過全球三分之一強的珊瑚礁樣本。

廖鴻基說鯨豚也是如此。

全球鯨豚種類九十種，其中有三十種經過臺灣東部海域。你來臺灣做鯨豚研究，可以在短短時間裡就接觸到地球上三分之一的鯨豚。

目前國際上對抹香鯨的研究，認為西太平洋有七大家族。「如果我們透過聲音或者其他的生態資料，跟這個七大家族做比對的話，發現七大家族裡的某幾個家族就在臺灣海域。那就是一種生態上的連線了。」廖鴻基說，「如果我們能夠連線日本或者菲律賓，確定抹香鯨是幾月分到幾月分在臺灣海域，其他季節哪個時候是在日本海域，哪個時候在菲律賓海域，把這個連線起來，那就把西太平洋整個連線起來了。」

那時候全世界研究抹香鯨的人都要來臺灣，都會覺得臺灣和他們的關聯。

「臺灣很多人感嘆沒有加入國際社會，其實海洋是相連的。透過海洋的資源去連線的話，很可能比政治更有機會。」他說，「海洋橋樑是強而有力的，海洋意識是非常強而有力的。」

十三、新的準備

葉公好龍

有人是龍的粉絲，熱愛畫龍，崇拜龍，渴望哪天能見到真龍。龍被他感動了，決定登門拜訪。雨電交擊之下，這位姓葉的先生開門看到真龍，嚇癱了。

這是著名的「葉公好龍」。

臺灣一直因為中國的打壓，被排擠在國際社會之外，也因此，我們一直努力尋找機會可以參與國際社會，向國際社會發聲。疫情期間，我們努力說 Taiwan Can Help 是最近一個例子。

然而，如果有一天，其他國際組織真的同意臺灣參與了，我們要如何 Help？

中央研究院民族學研究所研究員劉紹華說：臺灣一直想加入聯合國，但是每當談到聯合國為人類訂下一些美好目標的時候，我們卻又會說：我們還不是聯合國的成員。

所以她說：如果我們不學習這種全球文明的語言跟姿態，等到有一天突然運氣好了，人家邀請我們成為聯合國的會員的時候，我們到底要講些什麼呢？怎麼和人家談判、協商、溝通？怎樣才能夠既知道爭取自己的利益，也爭取世人的利益？否則，很可能人家讓你成為會員，讓你上台發言，你也會啞口無言，或者跟人家講的話是失態的。

疫情期間，台大環工所趙家緯教授跟我說過一件事。

二〇二〇年，當全世界都在防疫的同時，也在注重減碳、排碳的當兒，臺灣卻是燃油機車賣得最多的一年；我們是用超低的電價供應工業用電，造成台電用電創紀錄的一年。

其他國家為了減碳，要求航空公司減免短程航班的時候，我們全國卻在熱鬧地享受「偽出國」這種短程航班。

當時臺灣的疫情和世界各國像是處在兩個不同的平行宇宙裡，在這些減碳、排碳的國際標準中，也像是處在兩個不同的平行宇宙裡。

我們一直感嘆臺灣沒有受到國際的注意，也一直急於讓世界看到臺灣，但是和我們這些渴望的意念相比較起來，我們所該有的準備也差了一大截。

八年前我訪問過一個年輕人叫張良伊。

他大學讀清大生命科學，研究所讀解剖，可是二〇〇九年聽了一場有關氣候變遷的演講後，去了哥本哈根參加聯合國氣候變遷會議。回來之後就一路在這個領域裡參與活動，最後加入 350.org 工作。

350.org 是個推動草根氣候變遷運動的全球性關注NGO。八年前張良伊的職銜是東北亞協調員，現在則已經是亞洲管理總監。

張良伊跟我說，氣候變遷全球關切，未來如何面對強降雨和高溫是兩大重要課題。現在的颱風，跟強降雨都比以往都大很多。夏天的氣溫，可能一下子就會到三十五到三十七度，也是十年前絕對鮮少出現的狀況。

如今社會議題「永續化」已成為主流。

如何追蹤環境永續的議題，從二〇一六年巴黎協定之後，全球一百九十多個國家從好幾百個議題中逐漸縮減，最後將社會發展、環境永續聚焦成十七個主題，底下再分出一百六十九個細項目標。然後每年需要定期追蹤一次。

張良伊本來建議政府也做一份，但因為看到各部會互踢皮球，就和永續發展的顧問企劃公司 Plan b Inc. 的夥伴們在二〇一六年照著國際標準寫了「永續發展民間自主影子推廣報告書」，印了五十份送給立法委員與意見領袖。

二〇一九年，Plan b 團隊更進一步幫助新北市最先提出了「地方自願檢視報告（Voluntary Local Reviews, VLR）」。在都市的層級上，是全球第十個。然而新北市推出後，其他城市跟進也要有，紛紛各找顧問公司寫，但是各吹一把號。在中央政府的層級，則是國發會在主導寫。

也在這個過程中，張良伊看到了一些奇特的現象。國際的永續發展目標是十七個，但是臺灣是十八個，自己加上了非核家園；國際在這十七個目標下的細項專案目標總共是一百六十九個，但是臺灣的各個細項專案目標有多有少，總數也不一致。

更有趣的是，國際各個永續發展目標每年需要定期追蹤一次。但是在臺灣，新北市第一次公布後，張良伊鼓勵臺灣中央、地方政府每年做，成為世界領先的標準，但是新北市說沒有預算，只能四年做一次。

所以今天臺灣有的城市是每年公布一次，有的城市是四年做一次。如張良伊所說，像這樣關注聯合國永續發展議題的自願檢視機制，臺灣是可以參與的。但是以我們這麼和國際不同的標準，參與了又如何？

我們和國際的標準不同，人才也不足。

「臺灣人才非常多，但是就國際化的程度就還必須說還要再增加。」尹麗喬說。臺灣從退出聯合國後，因為沒有席次，沒法送外交官去跟各國交往，瞭解國際機構的執行方式，少了這種磨練的機會，在國防、外交的人才方面，不管是藍綠還是哪個政黨都匱缺。

跟美國相比，臺灣也沒有嚴格意義上的智庫，尤其是超越兩黨，可以獨立做些政策分析的智庫。因此和國際的智庫之間的交流和活動規劃，臺灣實際上也是遠遠不足。沒有資源，連具備外語溝通的人才也不足。

「大家需要具備外語研究能力之外，也需要具備外語溝通能力。光靠翻譯還是不足的。」尹麗喬說。

所以就目前臺灣因為全球地緣政治的關係不但可以當重要的棋子，還可以當夥伴和顧問來說，能量是不足的。

在臺灣要國際化的準備上，真可以多看香港的鏡子。

從香港取經的話

去年張潔平在臺北開的那家書店，中文名稱叫飛地，英文店名叫 Nowhere。飛地可以是孤零之地，也可以是起飛之地。Nowhere，可以是 nowhere，也可以是 now here。

我去訪問她，一方面覺得這個店名不只說出了她的心境和自許，也呼應了臺灣的處境和可能；另一方面她從中國去香港求學、工作，再在雨傘革命後移居臺灣，由她來觀察香港和臺灣的比較，會有特別的角度。

張潔平說，臺灣雖然四周是海洋，但是個熟人社會。碰上什麼事情，有沒有熟人很關鍵。小到租房子這種事都是如此。

而香港是流動的社會，和陌生人做生意，一切都要靠法律。相對地，臺灣許多小企業的規模無法擴大，都和這方面的不足有關。

「我覺得香港真有海洋的精神，所謂的香港是一個港口，大家一起去打魚，打了魚回來再分。」張潔平說，「全香港人一起，就是這個港口所有的人，一起做全世界的生意。他們不太存在激烈的內部競爭。大家想的是怎麼一起把餅做大，去爭取全世界的資源。」

所以香港不問你的出身來處，「你做得好你就上，基本上是滿公平的。鼓勵你做的更好，你就做的更好。」張潔平說。「大家會嫉妒你嗎？反正我是沒遇到過。我算很年輕就在媒體這個行業裡晉升得挺快的，但是我沒有感覺到這種壓力。我只覺得永遠都有更大的世界在比較，你就是做得再好也不夠好，你就是可以跟那些國際媒體相比。」

也因為香港流動性高，所以人才密度是真的很強，「你不會自己上去之後就覺得一覽眾山小。」

也因為如此，香港受到全世界能量的加持，香港人的國際化也更明顯。不只是金融、法律的人才都和世界接軌，像「美國民主基金會」、「無國界醫生」這些NGO國際機構，聘用的香港人也多過臺灣人。

張潔平說，「臺灣不太一樣。至少在經濟增長比較放緩之後，基本上蛋糕就是相對比較固定了。因為能做到全世界生意的領域不多，所以變成資源就在有限的圈子裡流轉。」

和香港相比，臺灣還有一個問題，是很多訊息不透明。這方面張潔平也有很深的感觸。

香港通過國安法之後，出現移民潮，很多人也申請來臺灣辦理。

但是以張潔平去的一個香港人在臺灣的粵語團契而言，她發現去年的人比前年少了一半。

「香港人來臺灣申請移民的問題，不在門檻高不高，而是不透明。」她說，「一年拿到居留證很容易，但之後申請身分證，就不知要多久。」

要等久一點也不是問題，但香港人接受不了一直只是懸在那裡，一直不知道什麼時候才能通過。要通過，也寧可私下告訴你，說是因為有國安考量。

「所以中產階段的父母，還有事業耗不起等的就都走了。學生、文化人、退休的人，比較願意留下來。」張潔平說。「香港的金融、法律過不來，但是臺灣應該承接香港靈活，和全世界華人做生意的能力，善用香港人可以建立臺灣和世界的紐帶。」

圈子文化

張潔平說的熟人社會，也加重了臺灣的「圈子」文化。

張潔平說，在中國，你即使把全北京的人都得罪光了，還可以去成都混。在成都把所有的人得罪光了，還可以去廣州混。

「但是臺灣很小。你在臺北把人都得罪了，去臺南就沒法混了。」她說。

所以張潔平剛來臺灣的時候，有藝文圈的朋友送電影票，她看網上好評如潮，就很高興地去看。沒想到看後覺得很差。這樣一次兩次之後，她去請教別人是怎麼回事，才知道門道在哪裡。

「大家不會把話說破。說這電影的攝影很棒，其實就是說電影的劇本不怎麼樣。說演員的演技很棒，很可能是說導演很差。」張潔平笑著說。

臺灣從中央到地方政府，各個部門機關各個領域都有的大量標案和補助計畫，也加重「圈子文化」的形成和作用。

張潔平在移民臺灣之前，請教朋友未來該如何自處，有人就告訴她兩個原則：一是盡量不要申請臺灣的補助，這樣就不會與別人競爭大餅；二是盡量開拓海外的市場，然後回頭來幫臺灣創造就業機會。

不然你說做大的時候，會發現你的餅做大了別人的餅就變小了。「你拿到政府補助多了，別人就少了，就這麼簡單。」

她還看到一個現象。政府為了要有效地處理補助的預算，有時候需要一些中間人。「有些中間人因為跟政府之間的關係，可以比較容易接到大量案子，把資源匯聚到自己手上，做不完的時候再分給其他的人。」張潔平說，「但這其中也可能產生中間人的固化跟不流動，導致我覺得臺灣的某些美學也連帶固化。」

張潔平說她很愛收集雜誌。到二〇一五年左右她來臺灣的時候，還不時看到臺灣有些雜誌有種野性之美。

「但是我現在到各地看到地方創生的一些雜誌和刊物，雖然封面都很美資料也很多。但是仔細看，很少看到讓人感動的。」

張潔平說得很深刻。

我想到今年臺灣 #MeToo 運動的時候，有一個人因為「自首」而成為話題。他陳述自首的結果對他後來學經歷造成的影響，因為把自己由加害者包裝成被害者，內容的真實程度引起批評聲浪。同時，近幾年他參與共同經營的系列書店，打著獨立書店、在地創生的名號在各地取得政府標案，汲取多方資源，但實際對當地書店及文化生態產生負面影響的爭議，也成為聚光燈的焦點。

其中最引人注目的是音樂評論家焦元溥發的貼文。焦元溥指陳這位先生的自首文有哪些漏洞，建議仍然相信這位先生的人去查核此人及相關書店「發文的真實性與誠實度」。

焦元溥告訴我，這篇貼文不只名列他臉書上按讚數的前茅，並且四天之內臉書追蹤人數居然增加超過了兩千六百人。

為什麼會有這麼多人來追蹤？

「不外乎就是受夠了。而且不只受夠了此人，還有這一整個圈子。平常沒人出聲，不表示沉默大眾沒有看在眼裡。」焦元溥說。平常看這個圈子交相往來，對自己不夠有信心的人，可能會想「是不是我有什麼問題？為什麼這些事可以被接受？」等到國王的新衣被戳破，大家才發現，有問題的真的不是自己」。

這實在是值得深思的現象。

明明多方都有意見、受夠了的人，但卻能一路把關係網拉得越來越大。而這樣的人還不只一二。

一位不願具名的文化工作者L談她觀察到造成這種現象的原因。也可以解釋張潔平說的中間人固化的成因。

所有標案和補助計畫都需要民間的評審委員，而每個領域可以擔當評審委員的人選，都在一個不大的名單之內。

「在爭取公共預算或補助時，名單裡的人可能有多重身分。他們可能這一案是審標評審、執行評鑑、活動推薦者，下一案自己又是策展人、投標人、承標廠商。」L女士說，「今天他送案子你來當評審，明天可能你送案子他來當評審。所以你與其要認真評審，不如與人為善。這樣下次他來評審你的時候也就不會為難你。」

如此下來，這些人在自己領域內不同的事件中角色論調，又跨領域交互捧場，形成一個很大的友友圈。而這樣的圈子不可避免地走向固化。

「因為他們有相互襯托的關係和默契，又懂得長官的需要和承辦窗口的恐懼，所以提案的時候會看來執行穩健，結案報告又知道如何寫得安全穩健。」L女士說，「因此他們最知道怎麼寫案子、送件，並且能用最快的速度送。這樣就形成『良性循環』。」

我問她有沒有打破圈層的方法。

L女士說，「政府採購法有其必要。但一切都來自於主事者的態度。標規跟需求說明書就決定了政府資源的樣貌」。所以她提出兩個建議：一是不論中央或地方，許多大規模案件固然必須提案人具備足夠的知名度與經驗確保活動的曝光與廣宣，但還有些案件可以回歸打開資源，活化產業的初心。

「並且可以提撥一定比例的案件特別是針對投標內容而不是團隊背景為鼓勵加分。每年也保障一定預算、資源比例要用到獎勵青創、初創、地方原生等。」同時，申請標案的人對資格、法律、文書作業的知識不對等，也會造成一些本來想探索如何參與的人被阻擋於高牆之外。「應該有計劃地推動一些辦法，降低高牆。」她說，「否則，就不小心會形成重複得標與圈層交互聯名加分的上下游。」

也是圈子文化

馬天宗在耶魯大學學劇場技術及製作管理後，在百老匯工作多年，也有再回耶魯任教的經驗。二十多年前回臺灣後，主要在影視、音樂、劇場領域工作。現任中子創新公司總經理。

以他的觀察，和美國相比，這些年臺灣的技術性技術一直在追趕，現在大約有十五年時間的差距。然而在創意性技術上，臺灣卻落後大約二十五年到三十年。相較之下，韓國和日本都在追近中。

他說二十多年來看到政府投入的各種補助不少。「我們一直以為自己缺水，政府也一直往桶裡倒水，但水還是不夠。」馬天宗說，「其實我們不缺水，是桶子在漏水。只要桶子不漏水，一點點水都可以累積。」

我跟他談到張潔平觀察到臺灣的雜誌都長得越來越像的情況。馬天宗回答說，「這就是不夠民主。」

我問他怎麼說。

「民主的話，大家怎麼會長得越來越像？」馬天宗反問。「一直是一些特定的人主導，當然就違反民主的精神。」

馬天宗說他知道的影視領域，也有圈子文化的影響。而臺灣因為有政府的補助，大家都不管水桶漏水的問題，一直要補助，「卻不想想補助怎麼由手段變成了目的。」

C女士從另一個角度談了臺灣的圈子文化。

她從臺灣去中國工作過，先後在小米、阿里巴巴等企業待過，和新創企業來往密切，今年才回到臺灣。

她在中國觀察到的現象是：經濟和產業政策，是由中央決定，然後逐級而下，各省級、縣級政府據以訂定相對應的政策。同時政府設立產業引導資金、挑選管理人共同管理資金並共同參與招商的工作。

但是在臺灣，許多產業政策是政府委由各部門相關的財團法人策劃、提出。C女士說這會出現兩個問題：第一是由於這些法人同時又兼具執行單位的身分，為了將來接受考核、監督的考慮，提政策或計畫時會打安全牌；第二是這些法人的政策或計畫從規劃到公開，都難免「熟人」比較容易知道，有資訊不透明的問題且沒有民營專業管理人團隊參與。

所以，C女士說，在臺灣，年輕人要進行新創，得到產業支持和機會訊息的管道就不足。

「在中國，光是微信上面的訊息，就夠支持一個年輕人找到可以刺激他的許多資訊。但是在臺灣，卻沒有。」C女士說。

還有另一個層次的圈子文化。

看自己的肚臍眼

由於過去國民黨政府過於重視對中國的聯結，等解嚴後臺灣本土意識普遍甦醒，再等民進黨政府執政後從課綱中減刪與中國相關的歷史，就走向了另一個極端。

劉紹華說：去年她以國科會學門召集人的身分推動了一個人類學門的問卷調查。其中七、八成的人覺得最重要的，或者是他自己正在做的題目，都跟臺灣研究有關，其中又以族群研究為多。所以不可避免的，同質性很高。人類學的長項是透過對於「異文化」的比較研究，來反思「己文化」。所以，若是連人類學的研究都有如此高的比例投入臺灣研究、甚至特定的研究領域，是一個值得注意的現象。

「內向格局的題目非常多而且很主流，有時很多人一起做，就可能成為彼此審查，學生也最愛聽這種題目。」劉紹華說，「學界最容易拿到資源跟最受矚目的主要是臺灣研究。可是臺灣就那麼大，長期以來大家都擠在這個地方向內看，只做這個地方的少數題目，結果到後來很多做的很瑣碎，不是 critical questions 。」

臺灣社會和學界均以本土的潮流當成標準，以本地有興趣的關注主題當成是重要的熱門議題。所有這些加起來，就成了只向內看。「英文裡面有一種說法叫做navel gazing，就是看自己的肚臍眼。」劉紹華說。這個趨勢若持續下去，結果的嚴重性就是，「我們不會有好的世界觀，也不能既站在臺灣的立場、又充分理解世界，面對這個世界的不同現象提出我們有品質的發言權。」

還有一個麻煩。就是對其他研究產生的排擠效應，尤其是與中國有關的研究。這是完全浪費了臺灣站在觀察中國、瞭解中國的最好位置，流失了臺灣可以充當全世界觀察中國的眼睛的機會。

這本來是知識分子該發聲的時候，但是臺灣這八年來公共知識分子大量消失。

公共知識分子不能再消失

在我訪談的人裡，最先談起公共知識分子不見了這個課題的人，是林飛帆。

我們是從大學校園談起的。

林飛帆說，他在讀書的時候，不論老師或學生，都努力希望維持自己的中立。有許多公共知識分子，或者有意識地扮演公共知識分子角色的人，會進校園號召學生，也在社會上引領一些討論，號召群眾，形成茁壯的第三力量，或者說公民社會的力量。

但這幾年減少很多，都幾乎看不見了。

我問他為什麼。

他說可能是大家都選邊站了。或者，走向另一個極端，就是不想在政治上展現出太強烈的認同，或者內心有什麼想法也不參與。

另外，年輕世代學生的態度也不一樣。

過去國民黨執政的時候，在各種議題的軸線，譬如世代、階級、進步和保守、兩岸關係上，尤其涉及本土認同的時候，大家很容易都站到國民黨對面。但即使大家都站在國民黨的對立面，並沒有人會因而想要加入民進黨。即使去聽一些演講，也會努力保持自己是中立的。

但現在不是。今天學生的選擇變很多，國、民兩黨之外，還有時力、社民、民眾黨等等。學生的態度更是直接很多。他們不想聽你標榜中立，會告訴你不要那麼矯情、包裝，想要什麼就直接說出想要什麼。這也就使得很多中間力量紛紛轉化為各種政治力量。

這些情況是怎麼發生的？劉紹華給了我第一個回答。

以前威權時代的國民黨，直接控制社會各個層面，學界是其中之一，菁英型的人才當然就會進入國民黨。但如果說國民黨是很會控制社會力的話，劉紹華說，民進黨則是很會吸納社會力。

從陳水扁執政的時候就顯示出來，到蔡英文執政這八年更清楚。因為民進黨的吸納，民間ＮＧＯ的力量就相對比較弱。跟解嚴後國民黨當政的時候比起來弱很多。

以學界來說，劉紹華建議大家去觀察一些學者社群，或者學者組成什麼聯盟型的平臺，看看其中有多少學者都進入公職了。

這些學者可能認為，他是基於政治理念，所以把政黨當媒介進去參與公職，這樣比較有辦法去改變政策、影響政策，去發揮他的理想。「可是以臺灣這種藍綠大旗如此鮮明的地盤勢力來講，有多少學者真的進去之後不受意識形態的牽制？」劉紹華問。「有多少政治理念最後不會被政黨的利益牽著走的？」

這會導致很多原來的知識分子該說的話就不說了。「而他最大的的誠意很可能就是他不說了。他不批評你，但他也不稱讚你，就是不說了。」

然後等到選舉，等到要動員政治力的時候，學者也一樣投入那個狂潮，很顯著地是在政黨上選邊站，而不是在政治理念上選邊站。

劉紹華說這種現象其實非常普遍。今天國民黨裡面可能也有這種現象，但是因為他們的影響力太低了，大家根本不在意，而民進黨的影響力非常高。

她還指出一個現象是：以前，學者去做了政務官，所有的反對勢力都會認為你不該再回校園。

當年江宜樺退下行政院長，要回臺大政治系教書，臺大學生會的學生批評他，不讓他回臺大。馬英九當年卸任，要從法務部回政大法律去兼任，因為申請截止日期的延長，也有教授學生高喊旋轉門不可以，質疑特權。

「現在剛好完全相反，你做了政務官，回到學校裡面，不論原來的學術表現如何，都變成學生眼中的大學者，然後是最受熱門歡迎的老師。」劉紹華說。以前學者進入公職之後，都有年限限制。但現在似乎不用了。以前學者借調之後，必須再做多久的教職，才可能再被借調，但現在卻可見一種現象，借調返校後，在學校快速轉一圈過個水，沒多久就又再借調出去。

而這麼多學者橫跨學界和政界的影響，另一位不願具名的學者J說得最直接。

「今天包括獲獎的獎項、職位、資源、研究計畫，尤其各式各樣特殊計畫，有些都已經不再是建立在我們說的學術表現之上，而淪為分配。」這位學者J說，「而他們腳踏兩條船，把學術界當成政界在運作，然後把學生當成政治幹部在培訓。」

所以劉紹華和這位學者J都認為：學界跟政府有著如此高度的依存關係，就難以出現中立型的批判性知識分子。

也因此，正如劉紹華前面所說，「正因為社會批評跟監督的空間已經嚴重萎縮，柯文哲就突然在年輕人眼裡變成一個批判者、監督者。」

她認為，也不只柯文哲。各個領域都有這種人。「問題其實不在於有投機的人這件事，自古以來都有投機者。」劉紹華說，「可是一個社會為什麼這麼失去了辨別的能力？如果平常我們就常看得到比較好品質的批評，這些假裝的批判者、這些投機者就算還是有影響力，影響力也許就不至於大到像今天這種程度吧？」

十四、夢想和實踐勇敢夢想的他山之石

臺灣許多人感嘆，解嚴已經三十六年，政黨輪替也已經有過三次，但為什許多舊有的問題一直重複。

民主化時刻和臺灣大約相同的韓國，也有許多人有同樣的感受。曾經擔任MBC記者的李容馬，寫過一本書《我相信未來可以改變》，就提出為什麼民主化之後政黨輪替多次，但國家還是不斷地在原地打轉。

李容馬提出的分析是：政黨雖然輪替了，總統雖然換人當了，但是任何執政者都需要業績，經濟部的官員為了上司的要求，也需要業績。而經濟部的官僚要拿出GDP成長多少，外銷出口成長多少等，最方便的路子是拜託既有的大企業、大財團，提供他們各種好處，而大企業則回報他們需要的業績。

並且，大企業知道政府官員都怕媒體，所以大企業同時會或者用廣告支出來收買媒體，或者乾脆自己買下媒體、投資媒體，來掩護自己和支持自己的政府官員。

因此，李容馬說，不論執政者如何輪替，實際真正讓韓國運轉的是「經濟官僚」加「大財團」加「媒體」鐵三角。「韓國社會要改革，唯有打破這個體制才能實現。」

面對社會許多糾結，難尋解答的問題，有時候需要有勇氣提出異想。

李容馬提出的「公民代理人團體」就是。

他認為代議民主走到今天已經有其不可突破的瓶頸。政黨之爭使得對立的雙方碰上爭議都有寸土不讓的堅持，很多事情都陷入僵局。

而「公民代理人團體」是參照法院陪審團制度而設立，隨機抽選一百零一個人構成。

在韓國，像公共電視的負責人、檢察總長等職位的任命，經常被政黨之爭綁架，朝野各有堅持的人選，就持續陷入僵局。

李容馬認為這就可以由「公民代理人團體」來解決。朝野雙方可以各自針對對方提出的人選進行攻擊、質疑，但最後的任命權交給「公民代理人團體」來決定。

李容馬雄辯滔滔地說明這個主張成立的理由，認為「否定公民代理人團體只有一個理由，那就是根深柢固的菁英意識。」

有人會說，國家如此重要的人事，怎麼能讓張三李四來選。而他認為這和當年引進公民參與審判的時候一樣，當時也有極大的反對聲浪質疑，怎麼能把需要高度專業知識的審判交給一般人。「然而公民參與審判的幾年經驗證明了一切。公民代理人團體的問題也可以同樣看待。朝野專家在事先提供充分的知識和資訊，公民代理人團體以此為根據做出最終判斷即可。這比國民參與審判還要簡單。」

李容馬對「公民代理人團體」期待的願景不只如此。他還提出進一步發展的可能：「如果這個制度的路越走越寬，那可以漸漸連法案或政策的制定過程也納入。詳細的方案或政策，由菁英們認真地競辯。公民只要負責做出最終的決定即可。」李容馬問：總統不就是不具有所有領域的專業知識，但也可以執行職務嗎？「那公民也一樣。只要得到專家的協助，進行常識的決定即可。」

所以，公民代理人團體是超越菁英主義，讓公民可直接參與決定政策過程的劃時代制度。這可以超越代議民主，把直接民主和人民生活的結合往前更跨出一步。

李容馬還為這一切的可能，說了一個令人動容的歷史背景：「我們不該忘記：唐太宗引進科舉制度的理由，就是為了打破原有豪門菁英封閉的圈子，排除既得利益，創造新的組織文化。」

也許有人說他太理想化，但李容馬的回答是：「沒有理想的現實，就像沒有未來的現在。」

臺灣到今天推動國民法官的進程還遠落後於韓國之後。在臺灣要推動「公民代理人團體」的難度當然更高，但是如果我們要跳脫陸地思維總是固守舊有習慣的局限，就需要有勇氣提出海洋思維的異想、狂想。

一個人可以做的事

從解嚴那年之後出生的年輕世代，我說是海洋世代，因為他們發展出不同於過去陸地世代的思維和價值觀。而這種思維的力量，在政治領域我們看到有太陽花運動的例子。

這些年我也一直在社會其他領域尋找更多的例子。

二〇二一年東京奧運，讓我看到體育領域的例子。臺灣隊創下有史以來最佳成績，許多獎牌得主都是二十出頭的年輕人，桌球場上眾所注目的林昀儒，更只有十九歲。他那種和年紀不成比例的氣魄，絕對是海洋世代的代表。

同一年，在文化界驚人的是，一個三十出頭的臺灣作家李琴峰，在日本以她的作品《彼岸花盛開之島》拿到了芥川賞。

我覺得這件事非同小可。因為臺灣不是別的地方，是曾經為日本殖民地的地方。

臺灣不是沒有日文優秀人才的地方，也不是沒有能以日語寫作的人才。但是一個解嚴後兩年才出生的女孩子拿下創紀錄的芥川賞，也不折不扣是海洋世代的代表。並且她是從小看電視卡通、看日漫，然後在臺灣的大學讀了日文系之後，去日本工作，結果以一個在日本通勤的上班族，寫出拿到芥川賞的作品。這不是陸地思維能想像的事。

漫畫家高妍也是。她二十二歲因為喜愛日本音樂人細野晴臣，自費出版了短篇漫畫集《綠之歌》，後來卻因緣際會為村上春樹選為封面繪者。並且她把《綠之歌》發展成長篇作品後，堅持親自去日本打開市場，並且做到。這也不是陸地思維習慣的事。

不把風浪當阻力而是助力的海洋思維，是一種抽象的說法。而她們所做的，把這種抽象徹底具象化了。

而近來我認識的溫約瑟也是。

他的專長是追蹤並揭露中國各個軍種活動及情資。那天下午他坐在我對面，聊著中國戰機繞台的各種情報，說話不疾不徐，眼神沉穩，只有談到覺得好玩的地方才淺笑一聲。

溫約瑟今年只有二十四歲。

他大學讀的是音樂系。二〇二〇年大四的時候因為疫情沒法開畢業音樂會，無聊中看到中國軍機不斷繞台騷擾，好奇他們是從哪裡飛過來的，就開始使用Google Map來調查研究，發表在推特上。到去年，他查到八百個左右各種基地，電視媒體找他上節目，紅了一陣。

我問他怎麼查出來的。

溫約瑟說主要都是靠公開訊息。現在他不只查來台騷擾的空軍、海軍軍種的據點，也查中國所有其他與臺灣無關的軍事動態。他每天分三個時段看中國的央視新聞，看人民日報、解放軍報，以及其他的公開資料。

電視、媒體上只要出現一段影片，一張照片，不必任何背景說明，溫約瑟就查得到是什麼人在什麼地方。機場、港口、跑道就不說了，任何偏鄉、不知道的城市角落、空地，也都如此。新聞裡任何建築物、農地或招牌背景都可以成為他「破案」的線索。甚至從一張軍車的車牌就查得出是什麼部隊，有什麼樣編制，有什麼樣的武器裝備。

「八〇%都查得到。」他說。

我問他怎麼估量這身本領。溫約瑟回答說，「用照片來追蹤，我應該不錯吧。」他停了一下又說，「用衛星判圖，有一個匈牙利人比我厲害。」

現在溫約瑟的身分，除了是「中國人民解放軍基地及設施」互動地圖創建人之外，還有兩個工作，其中之一是在臺灣戰略模擬學會擔任兼任研究員。

現在溫約瑟的地圖所標註的座標已經大約五千個。「但是我短期內不要再上節目去談了。」他說，笑了一下看我，「我希望下次發表的時候，是更不一樣的東西。」

溫約瑟說，許多音樂系學生一生最輝煌的高峰就在辦畢業作品發表的那天，之後轉換跑道的所在多有。

他也轉換了跑道，並且在工作的同時也進了研究所攻讀東亞研究。

這是共機擾台幫一個年輕人打開的新世界。

兩個人可以做的事

劉育育和林秀芃也是太陽花世代的人，也在他們成長的過程中經歷了那個世代的許多社會運動。

不過她們選擇走了一條和太陽花運動檯面上的許多人不一樣的路。

林秀芃是臺北第二代人。國中時，父母把她帶去新加坡準備移民，在那裡讀了國中和高中，然後回臺灣讀臺大念法律，從社團接觸了包括樂生、勞權等社會運動，感到滿大的衝擊。

「我在新加坡的時候都說自己是臺灣人。」林秀芃說，「可是回來臺灣發現我根本不不認識臺灣，我也不覺得是臺北人。」所以她一直積極地投入社會運動來找尋自己的根在哪裡。

她因為參加苑裡反風車事件，而認識了劉育育。

劉育育是苑裡人，阿公阿媽都是務農的，爸爸媽媽都是藍領。

「我們家是三個女生，我是最大的長女。在鄉下地方，女性很容易被貶低。」她說。「所以我很早就想：總有一天我一定要離開這個地方。」

劉育育去臺中讀高中，每個週末返家的過程中，因為移動而重新思考家鄉，城鄉之間的對照和階級關係。

她大學來臺北讀輔大心理系，參加樂生、勞權、都市原住民等各種社會運動。

「樂生運動的啟蒙，讓一個傳統的農村小孩，不再因為要追求發展，所以一定要去大都市裡面當個上班族，過那樣子的生活。」她說，「我知道有一種生存方式或是一種發展方式，是走向比較社會性的，比較公眾性的。」

劉育育畢業後在三重的蘆荻社區大學工作，幫一些由黑手當老闆的人，看他們有沒有一些新的學習的可能性，然後這種學習是可以驅動他們參與社會，產生改變自己跟社會的可能，做了六年。

「在這六年過程中，我也反思自己在這個領域的根源，是不是真的有在做社會變革，就是我的行動跟實踐的意義跟價值，到底有沒有真的彰顯在社會影響力，或者是社會變革上。」她說，「我就常常在實踐跟思索中一直來回的去做辯證。」

然後她遇到了苑裡反風車，也經由參加那個運動認識了林秀芃。

二〇一四年太陽花運動的時候，林秀芃和劉育育也在被捲動的年輕人之中。三一八她們在現場，三二四她們也在行政院前面。

不過那時還有另一個念頭在她們兩個人心底湧動。林秀芃說，她那時候有一個感受是，社會運動產生很多衝突，其實很累。為什麼會前面已經發生過很多不好的事情了，大家也一直抗爭，可是到最後還是會發生？最後還是要再發生抗爭？

「有沒有一種社會運動，不是去反對什麼，而是去找到自己要捍衛的價值是什麼？」林秀芃說。「有沒有可能不一定是抗爭的樣子才叫社會運動，有一種社會運動是一種生活，跟一種反思？」

到了那年年底，她們因為之前已經有過因為反風車運動在苑裡探尋家鄉的路程，就決定回去實踐她們的反思。

這樣她們兩個人一起共同創辦「苑裡掀海風」，推展友善農業，還有苑裡的藺草編織，最後開一家書店。

苑裡後壁寮海岸的風車　　攝影：方竹

林秀芃說，「我們除了不要不當的開發案之外，那我們到底要發展苑裡自己的什麼樣子？我們對自己想要的發展的想像，要慢慢地長出來，所以要透過書店的藝文活動來經營這件事。」

她們就這樣在苑裡一留十年。

二〇一八年底，苑裡有一個百年菜市場燒燬，裡面有非常多攤商流離失所。

「我們想要幫忙這個菜市場，可是發現，政府掌有行政權，可是卻沒有辦法好好地把一件事情做好。」劉育育說。所以她們就跟在地的攤商，然後還有關心地方發展的朋友一起決定，在去年的地方選舉自己出來選。

劉育育鎮長，另外一位在菜市場賣魚丸的老闆，跟一位關心地方發展的咖啡廳老闆娘選鎮民代表，三個人組成了一個叫「毋免拜託」的團體。

「臺灣的民主其實滿扭曲的，選舉之前候選人說拜託拜託，拜託民眾投他一票。選上之後，政治人物有了權力就高高在上，變成是人民要拜託他們。」劉育育說她們覺得這種拜託的文化非常不民主，也痛恨要一直拜託。「本來政治人物是人民的公僕，掌有行政權，就應該解決地方的問題，不該用拜託的。」

擾動的力量

「毋免拜託」剛跳出來選的時候，所有的人都說她們絕對不可能當選。「因為我們很像政治素人，突然冒出來，完全沒有任何政治背景，也沒有黨派，就是資源，很多人都不看好。」劉育育說。

辦第一場活動的時候，她們借了一個活動中心，然後擺了五十張椅子。

「我們是準時七點開始，可是到六點五十八分時一個人也沒來，五十九分的時候出現一、兩個人。」劉育育說她們覺得完蛋了，第一場如果沒有人來，會很打擊團隊士氣。「結果到七點大概二分、三分的時候，陸陸續續來的人多起來。等到七點六分、七分的時候，全場爆滿，爆到五十張椅子坐不夠，我們自己都有一點嚇到。」

接下來她說了手拿麥克風發抖那一段。

「我們當時拿著麥克風的時候，其實非常的緊張，因為我們不確定可不可以扮演好候選人的角色。」劉育育說，「我們講出來的話就是我們的政見，講出來是需要努力去兌現的。它是一種承諾，使用公眾語言的承諾。所以我們要小心地使用這種語言，因為它不小心會變成是你在操弄那個文字跟語言。」

所以，第一場的時候，她們手拿著麥克風手都在抖，直到其中那位賣咖啡的老闆娘手裡麥克風抖到全場觀眾都盯著她。

這位叫吳若安的老闆娘最後自己突然噗嗤一聲笑了出來，說了句「歹勢乎，我足緊張欸」之後才停住，接著就娓娓道來，說她為什麼出來參選，如果她們願意踏出這一步，然後大家又一起願意支持，那就有機會可以讓苑裡的政治環境不一樣。

「那一刻我滿感動的。我們願意透露給群眾知道我們是緊張的，因為我們知道拿著這個麥克風，它具有話語權，它其實是個權力。如果我們對於權力沒有戒慎恐懼，就會很可怕，就會是皇帝。」劉育育說，「你對權力這件事情沒有意識，沒有戒慎恐懼，你就很容易會被權力吞噬。所以我們的緊張是有道理的。」

回顧那場選戰，劉育育說她們靠的就是你到底是選真的還是選假的，到底相不相信民主，到底相不相信群眾。「我們看過太多的候選人，嘴巴講的非常漂亮跟美好。

苑裡「掀冊店」獨立書店

攝影：方竹

可是一聽就覺得，其實都是一種操弄的言語。你會知道，他根本不相信他嘴巴裡講出來的事情，跟所謂的民主。」

劉育育說，她們是在這一步一步的過程中，探索也實踐她們自己想要建立的政治環境。

「我自己的體認是，選舉的過程一點都不民主。選舉超級不理性的。有太多因素會影響那個選票的走勢。」劉育育說，「可是我們有經歷過以前的社會運動，然後我們掀海風的經營也不需要拜託任何人，所以我覺得有長出那個主體性，然後跟地方的連結關係也是真實的。這讓我們有機會打出不一樣的選戰。」

和劉育育競選的鎮長是比較傳統的政治人物，在當地人脈順暢，選什麼都會當選，原本以為可以連任，但後來是劉育育贏了，還多贏四千多票。

我訪問劉育育的時候，她已經當中華民國地方自治最小行政區的首長八個多月了。

雖然時間不長，聽她談當鎮長的心得，我覺得她已經對中央、地方政府的關係、異同，政府和人民的距離，還有民意代表與行政首長的不同，都有了深刻的體會。

臺灣的選舉制度，當民意代表的話可以無限連任，但是當行政首長，最多只能做兩任，八年的時間。「當民意代表，我覺得可以形塑出很好的、理性問政的形象；如果想要好好地問政，還可以挑選他想要專注的議題去好好鑽研。」劉育育說。「可是在行政單位，就是柴米油鹽醬醋茶，你既要穩定既有的民生的問題，可是你又要調整傳統的作為，去研發出創新的工作方法。然後那些小小的微調又要可以讓民眾有感，感受得到公部門的溫度，或是施政想要表達的意念。我覺得它真的是一個手工藝，是民主手工藝的過程。」

劉育育說這裡面有非常多的挑戰跟困難，可是又滿有趣的、滿好玩的。所以她建議年輕人如果想要嘗試看看，在鎮長之外也可以先從選里長開始。

她的這個建議，引我問了她一個問題：「如果有人問你，臺灣這麼大，苑裡這麼小，我們現在的國家跟社會處在這麼巨大的變化裡，妳選了一個鎮長來做，那你所發揮的作用是什麼？妳會怎麼回答？」

她和林秀芃兩個人的回答是：苑裡鎮長這個角色，雖然負責的是一個最小自治單位的鄉鎮，然後又是在苗栗，這對臺灣的意義還是滿特別的。「其他不同地方，也都感覺無望的地方的年輕人，如果也真的願意跳出來挑戰既有的政治結構，產生些擾動，還是很有意義的。對整個國家來講，這些擾動看起來很小，但是它引發波浪的可能，後面的漣漪效應，是很大的。」

是的。擾動很小，引發波浪的可能很大。

第三勢力

二〇一四年太陽花運動最動人的場面，除了學生在場內的熱情之外，我最難忘的是在場外一些和年輕人完全聯想不到的人和事情。

太陽花運動之所以捲起千堆雪，是在為反服貿運動再掀起高潮之外，同時匯聚了臺灣社會那之前多年來站在馬英九政府對面的各種社會力量。

年輕人的衝撞不斷，各種火種累積，到大埔案、洪仲丘案熊熊燃燒，最後以張慶忠半分鐘事件引爆了太陽花運動，太陽花再回頭又匯聚了所有其他的社會力量。

進入後段，尤其在對抗黑社會陰影的時候，我和幾位朋友發起過「百人太陽花」的計畫，邀請一百位藝文界人士創作各種形式的太陽花，一來讓立法院內的學生知道社會的大合唱已經響起，不論他們繼續守下去還是要退出來，都進退有據；另外也是想借由後續可能的展覽、拍賣，募款支持學生接下來的行動。

在各方熱情的回應中，有許多人的參與是可預期的，但也有許多站出來的人讓我大感意外。不論從年齡或職業，很難想像他們會站出來支持國民黨政府抨擊為「暴力」、「違法」的這個運動。

已經公布的人裡，當時已經八十一歲的前輩兒童繪本作家鄭明進就是代表。鄭先生畫了兩幅畫，我特別喜歡「童心太陽花，同心太陽花」那一幅，充滿趣味和力量。這些和大家當時比較常見、熟悉的社運界人士完全搭不上邊的人，為什麼在那個時間點上突然現身？他們熱情地支持學生的理由到底是什麼？

這些好奇在當時觸動了我。之後我花了些時間，才逐漸理清其中的意義。

在那之前的幾年，年輕人在反抗的，表面上固然是一個個特定議題，但深層在衝撞的是臺灣長期的困境；而困境的根源，是臺灣各種老舊政治、經濟、社會思維與習慣所造成的結構性糾結，以及特別加到年輕世代身上的壓力。

那年四月，那麼多意料之外的人，毫不避諱太陽花被貼上的「暴力」、「違法」的標籤，站出來支持年輕人，他們即使沒法把這些困境的存在和原由解說得清楚，但肯定是體會到社會上長期以來存在的某些糾結，也體認到照過去的思維和習慣已經走不下去，由新世代衝破窠臼的機會到了。

所以他們支持的不只是年輕人，不只是學運，不只是反服貿。他們支持的是有人敢於挑戰既有體制，敢於衝出現有困境的勇氣、破格的勇氣。

那是陸地世代洶湧起對海洋世代年輕人的鼓舞。令人感動莫名。

我常想，如果那年太陽花退出立法院之後，宣布學運世代組黨，再繼續引導社會的大合唱呢？包括憲改？

太陽花的力量消散，臺灣社會需要有人以破格的勇氣衝破窠臼的需求並沒有消散。於是，後來有人收割稻尾，但也浪費了稻尾。所以直到今天還是很多人在思索到底可以如何產生真正的第三勢力。

八年前那場選舉之後，我訪問過林飛帆，問他於年輕世代組黨的事。當時他的回答是：「我們的時代還沒那麼快到來吧。」

八年後我再訪問林飛帆，包括他自己在內更多人加入了民進黨，問他有什麼想法。

林飛帆說他自己進來政治體制的時候，「其實也在慢慢刨除掉一種幻想，就是覺得好像有一個可以很理所當然的說，這個時代就會變成一個集體，就會變成一個人。」

他覺得原本對於所謂第三勢力有所期盼的人，大多數人可能都已經有點幻滅。他說：「用我的話來講的話，我覺得是大家變得更務實。」

所以林飛帆說他們這個世代接下來會走到一個狀態，「該合作的時候大家會聚在一起，但是這中間一定還必須認知到，彼此之間是會有競爭。」

那天和林飛帆的談話最有意思的一點是：最後談到他對派系的看法。

林飛帆說他觀察從公民組合分裂為社民黨和時代力量，他們老師范雲和黃國昌這一輩開始，第三力量一直沒法整合，彼此沒法合作，很多時候是因為人際之間的問題，而忘了「政治的本質是權力的分配，背後是價值觀的競合」。

林飛帆說，民進黨在草創時期，雖然也有許多人彼此不合，但是因為在國民黨威權時代的高壓之下互相又必須聚合在一起，所以結果形成有黨也又有派系的局面。是外面高壓的環境把那些派系凝聚在一起沒有分裂。相對地，民主時代年輕世代的政治人物之間如果有不合，反而沒有可以凝聚他們的條件。

大稻埕國際藝術節發起人周奕成，從二〇〇七年組建第三社會黨倡議修憲，至今堅持主張：少數政治野心家領導的第三勢力是沒有意義的，因為沒有穩固的社會基礎。

「必須有新的社會力，或所謂新的歷史集團，做為新政黨的基礎。也就是第三社會。」周奕成說，「而現行的憲政體制是傾向扼殺新政黨的。因此必須進行多黨議會制修憲。所以說是第三共和。」

周奕成認為現在的第三勢力都無法長期存在。甚至是不利於真正的第三社會。

黃丞儀前年訪問台聯創黨主席黃主文，問有沒有第三勢力空間。黃主文斬釘斷鐵地說沒有。偏藍的小黨會被國民黨吸納，偏綠的小黨會被民進黨吸納，一切以對中國關係的立場而定。

他今年以同樣的問題問許信良。許信良不認同黃主文的說法，他認為第三勢力有空間，而且他舉的例子就是柯文哲，他認為臺灣在藍綠之外，一直都有一個穩定的不藍不綠的空間。

而黃丞儀說他覺得答案應該在這兩個人的中間，當有危機意識的時候，小綠或小藍都會歸隊，但是當藍綠都糟到一個程度或者危機不強烈的時候，小藍小綠都會被第三勢力吸收。「今年的狀況就有點像是藍綠都糟到一個程度，所以柯文哲們覺得第三勢力有空間。」

我也聽到有人說真正屬於年輕世代的第三政黨還需要再二十年時間。

「這也不必懷憂喪志。民主社會最重要的還是公民獨立判斷能力。有了，第三勢力自然有公眾基礎。」黃丞儀說，「第三勢力不是為了第三而第三，而是為了監督。否則就算有了第三勢力，如果民眾自己頭腦不清，判斷力也不足，那還是沒用。」

他的話，讓我想到，那需要寫一個人可以如何鍛練自己。

心智的鍛練

八年前訪問「關鍵評論TNL」共同創辦人楊士範的時候，這家網路媒體剛創立兩年，而八年後，他們和日本一家媒體合併為TNL Mediagene，要進軍美國上市了。

他談手機影音時代的新聞，談到一點。

「之前的傳統媒體，不是沒有無聊的新聞，但造成的影響是在有限的版面內，固定的時間內。」楊士範說，「但是網路上品質不好的新聞，卻可以經由一再的轉發，而無限地存在。這八年格外劇烈。」

而不論如何，一旦媒體要製造這些內容，不論是自己製作的，還是從其他社群來轉發，都需要有人去處理。「今天一個記者、一個編輯他花時間去做這件事情，就沒有辦法去做其他的內容，這就變成非常的資源排擠。」

不過整體來講，楊士範覺得因為是一個自由多元開放的社會，所以還是持續會出現一些好的內容。「單講《報導者》可以持續進行到現在，就證明了大家還是願意支援做一些更有意義的事情。」他說。

我問他怎麼面對社群媒體，尤其短影音相關的影響。

他說最近有人希望他談談關於獨立思考這件事情，他們想要了解怎麼看待事情，怎麼有判斷力，怎樣避免有盲點等等。

「可是我想到的第一件事情其實不是怎麼去練習這些，而是你要怎麼去培養自己吸收資訊的流程跟方式。」楊士範說，「因為你每天看什麼東西，就跟我們吃的東西是一樣的。我們每天吃的東西形成了身體的一個狀態，每天看到的東西會形成我們思想中的核心。」

如果每天看到的東西沒有新的概念，「如果每天看到的都是一些瑣碎的東西，都是對於你的未來一點都不重要的事情，那你就被佔據了，你都看不到其他的東西。」

楊士範說，第二步是建議大家可以去理解更多有可能的一些認知偏誤。「我們要意識到自己可能會因為習慣性的一些認知，導致可能會發生的一些偏誤。小心提醒自己每個人都會有這些認知偏誤，就可以不會立即，或很粗暴地去下一些判斷。」

同溫層的真正名字叫「部落」

今天要說我們鍛練心智的目的是什麼，我會說是不要當一個「迷宮中的人」。

我讀教宗方濟各寫的《讓我們勇敢夢想》的時候，想到這句話。

教宗解釋全球各地民粹政治的興起，是因為許多人在全球化的巨浪中感覺到自己是被遺棄了，所以打著民粹主義旗號登場的政治人物最喜歡做的，就是進一步激化這種被遺棄的心理，激化遺棄者和被遺棄者之間的對立和仇恨。

也因此，民粹政治人物最希望的，就是跟隨他們的人不要思考，只要把權利交給他，他來負責解決他們的恐懼和憤怒。

而他花了很多篇幅談到社會上各個領域的「基本教義派」，也十分精彩。

基本教義派本來是指宗教領域裡，有些人一直主張對經典要有原始的主張，而沒法接受隨時代的不同而有些開放的解釋。

但教宗指出，今天不只是宗教，社會各個領域都盛行基本教義派。簡單地說，就是社會各個領域都有人提供一些封閉而單一的價值觀，頑固地不隨時代變化而調整。

那今天願意接受基本教義派思想的人為什麼會這麼多？

教宗的解釋是：因為在一個動盪的年代裡，許多人心裡慌亂不安，大家想要心安，正好需要簡單，不複雜，沒有變化的東西；加入同溫層集合了同樣需求的團體，正好可以讓自己好像在風暴中進入避風港。並且任何人對他們提出質疑，都會被解讀為對他個人的人身攻擊。

於是，教宗說，社會上各個領域都有人「深陷在『自己的』真理壕溝中，成為了自身立場的囚徒。」

近幾年來，有段時間我一直看不明白一些政治人物的發言。光以常識來判斷，都知道其中漏洞百出，不知道他們為什麼講得煞有介事。我也搞不懂，他們都不想爭取中間選民嗎？這樣說話，難道都不怕把中間選民嚇跑嗎？

看教宗在書中的描述，我終於明白了。

那些人根本不是說給中間立場的人聽的。他們是只要說給支持者聽的。因為大家都使用社群媒體，都在同溫層化，所以最重要的是鞏固基本盤，讓支持者聽得興奮、熱情支持。

也突然，心中浮現「迷宮中的人」的景像。

同時，這種心理上對「同溫層」的需求，搭配上社群媒體演算法最擅長建立的「同溫層」的技術，讓我看到它們結合的力量，也讓我想到同溫層的真正名字，其實是「部落」。陸地思維的最根本元素。

社群媒體裡同溫層的人聚在一起，只聽帶頭的人的呼喊，只聽到彼此取暖的唱和，看不到聽不到外界的聲音，其實就是「部落」的心態；聽見或看見不同的意見就要「出征」，很像「械鬥」的概念。

網路為人類突破紙本書在實體世界容易被隔斷的限制，聯接一切心智結晶的資源，像是由陸地時代進人海洋時代。但諷刺的是，在網路上發展出來的社群媒體，又把人類由海洋帶回了陸地，並且還是陸地最原始的部落，各自雞犬不相聞，老死不相往來的部落。

我們不能在海洋時代反而困在迷宮中的部落。

勇敢與合作

和張潔平談話時，她有一句話很打動我。

「我覺得在民主社會裡要勇敢是滿難的。因為就是要大家一起勇敢才行，不能少數一兩個人勇敢。」她說，「少數一兩個勇敢就沒選票。要，就得大家一起勇敢。」

她觀察到臺灣現在的選舉方式，是通過操縱、調動大家的恐懼來得到選舉的勝利。「所以這個時候你怎麼能又反過來要求大家勇敢呢？你這是自己打自己的臉啊。」

但其實真正的恐懼都是因為看不清事實的恐懼，「所以恐懼有一大塊並不是真的因為對手而恐懼，」張潔平說，「是因為你沒看清對方，沒看清事實，自己把自己嚇得恐懼起來。」

她的說法很呼應海洋思維裡應有的勇敢。

在陸上，遇上危險，人是可以躲起來的。不看清危險，也可以自我催眠，以為躲起來看不到危險，危險就沒了。

而在海上，遇上可能吞噬你的驚天駭浪，只能看清一切能看到的地方。並且不能一個人勇敢，要大家一起勇敢。

可是光大家一起勇敢也不夠。

還要一起合作。

合作也是海洋思維的必要。

在陸地上，彼此看不順眼，不合作，各據一方，老死不相往來沒有問題。然而在海裡，大家都在一條船上。彼此再怎麼看不順眼，在風浪中也沒有不合作的餘地。

而馬天宗對「合作」有很深的感受。

他說，在美國的劇場界，有許多做了一輩子、令人尊敬的「助理舞台設計」。臺灣人聽到「助理」可能就覺得矮人一截，不想做；可是一個資深的「助理舞台設計」在百老匯可是非常重要的角色。舞台設計鬼畫符般的圖，要靠他才能轉化為一張張可執行的圖；舞台換景的時候，哪些東西藏到哪裡，要靠他來落實。

而相對的，在臺灣，安於一直做「助理舞台設計」，先把一個專業做到極致、好好扮演團隊裡一分子的人少，多數的人都想要做領導者。

「《人類大歷史》（Sapiens: A Brief History of Humankind）的作者說，人類最大的能力就是合作。」馬天宗說，「而臺灣人多數急於證明自己的能力，合作的能力相對就少了。」

大家一起勇敢，一起合作的話，才能真正面對海洋。

走向邊緣

對於一個習慣於陸地思維的人，該如何練習海洋思維？或者說，他怎麼才可以開始體會海洋思維？

也是從教宗方濟各的書裡，我看到一個指引。那就是走向邊緣。

因為一個人想要跨出自己原本習慣的本位中心，是很抽象的一句話。但是如果肯加上「走向邊緣」的行動，那就馬上可以具象了。

自己一直守在原來的中心，是看不清那個中心到底在哪裡的。但是如果決心走向一個自己先前認為是邊緣而不肯去、不敢去的地方，那麼再回頭就會對照出自己原先所在的中心了。

而對陸地來說，邊緣就是陸海交界之處。所以走向邊緣就是走向海洋思維。

當海水上漲，海洋時代來臨的時候，原先對陸地來說的邊緣，這陸海交界之處，就會呈現特別的意義。

我訪問呂冠緯的時候，看到了一個很好的例子。

呂冠緯是均一平台教育的負責人。

均一教育是線上教學平台，主要想服務的是偏遠地區的老師和孩子。使用的人有老師，也有學生。

「學生用均一和老師用很大不同。老師是按步就班，當教學助理。學生是跳著用，自由探索想接觸的知識。」

他說社會對像均一這種線上教育，存在著需求的背景。

首先是少子化，混齡編班的需求大，必須用數位。使用均一平台，混齡編班就不再是弱點。

學校要推新的教育政策，需要數位、雙語教學。

還有，跨科教育需求，教生物、理化、數學的老師都不夠，線上教育正好可以彌補這些需求的空檔。

在現在的教育系統裡，偏鄉地區是邊緣。但均一正好在滿足這些偏鄉地區需求的同時，突顯了時代的特色。

所以均一上可以看到許多超級跳級學習的例子。有小二、小四的學生就學到高中化學課。

呂冠緯說他印象很深的是有一天收到一張捐款支票一萬元和一封信。信是一個中學生寫的，說他在小學的時候在均一平台上學到高中數學課，後來進了中學參加資訊比賽拿到冠軍，就把獎金捐給均一。

所以，走向邊緣的同時，就是在開啟海洋思維。

相反地，如果不肯走向邊緣，很可能中心本身就會出問題。

過去三年疫情期間，臺灣在二〇二〇年防疫成績優良之後，二〇二一年的防疫破功，一個破口來自萬華茶室裡的工作人員，另一個就是高科技公司裡的移工，兩個都是臺灣社會裡的弱勢族群。

當時我訪問中山大學社會學系的陳美華教授，她就說：我們能看到邊緣地帶，世界就有機會變好；同樣的，如果我們日常就忽視社會的邊緣，對弱勢者不注意的話，那到了一定的時候，所有的問題就會加倍奉還。

臺灣社會長期不肯正視色情相關的產業，把它逼進了暗處，那一次萬華茶室終於看到了後果。「因為所有的事情進了暗處之後，就很難觀察，就很難追蹤。而社會對這些弱勢族群給了污名化之後，也就給防疫工作增加了很大的難度。」

臺灣高科技公司裡的移工爆發疫情，陳美華說，「那個事件讓我們看到了臺灣科技業雖然自稱提供最乾淨的工作環境，代表先進、尖端的一種公司治理模式，但是對移工的心態卻是非常有偏差的。」在這種偏差心態下，移工的生活環境那麼差，「這樣有一天他們那裡成了爆發疫情的缺口，不也是很合理的事情嗎？」

最慢也最快的故事

觀察這些年臺灣政治發展的過程，都兩次政黨輪替還積累這麼多問題，可能很多人會覺得失望、沮喪，甚至對民主社會的機制感到失望。

我自己寫這本書的過程中，也是心裡各種起伏不斷。

動筆寫這本書之前，我心裡本來另有其他房間裡的大象。但實際開始整理之後，覺得莫過於這三隻和年輕人相關的大象最值得大家關心。

一來影響年輕世代最切身。

二來最能代表陸地世代和海洋世代的衝突。年輕人的公民權益竟然都因為社會上習以為常地對租屋者的壓迫，而遭到損害。

三來最能說明要改變社會，不能只靠政府。因為對房地產的執著、對壓低成本經營模式的執著、對學校教育還是強調權威與傳統的執著，是我們每個人所共同形成的。

臺灣近海的抹香鯨　　攝影：廖鴻基提供

今天台灣社會的核心衝突，不是統獨之爭。看政大民意中心調查結果就知道，接受自己是台灣人身分的和接受自己是中國人身分的對比如此之大，所謂統獨之爭是個誇大的命題。

從二〇一六年在《大航海時刻》書裡，我就寫，那年選舉提醒我們要面對的一個現實是：「現在發生在台灣的，是兩個不同世代的價值觀之爭。」

八年後看，這個現實格外清晰。

國民黨固然一直代表老舊的價值觀團塊，民進黨在許多方面也深受老舊世代的思維和習慣影響。結果打著新旗號登場，骨子裡追捧帝王、宮廷思想的老派人物，反而靠著擅於賣弄口舌，在年輕世代裡得了便宜。

年輕人在新的生存壓力之下有了新的社群媒體加上短影音，有了不同的發聲途徑和方法，自以為找到的新出路，但卻又陷入新的茫然和憂鬱，結果不是容易受到一心操弄話術的政治人物煽動，就是製造許多新的社會問題。十五歲衝鋒槍手、許多電話與網路詐騙手，還只是新聞上看到的。

陸地世代與海洋世代，陸地思維與海洋思維，必須新的交流。

這涉及到社會如此巨大的改變，要如何發生啊？

但我在寫這本書的過程中，一直看到不同的人給不同的建議和提醒，也很受鼓舞。尤其聽廖源基說如何透過給魩仔魚一條生路，來拯救臺灣無魚之海的可能。只要三％到五％存活率就可以復原的力量。

而且只需要三到五年的時間。

海洋裡，真是充滿雄渾、壯濶的生命力。

我也從劉育育從臺灣最小行政單位首長做起的決定想到我自己老師曾經提醒我的話：有時候，最慢的一條路才最快。

我們要當真看清臺灣的四周是海洋，也相信臺灣的未來在海洋。

相信海洋不是與大陸的隔絕，而是連結世界的通路。

相信海洋中不是波濤險惡，而是趁著風大浪高正可以航向更遠的天地。

也相信，即使遭遇再大的衝擊，海洋會護佑、陪伴我們重新復原。

後語

一.

一九七四年九月，我穿著一件藍色有胸兜吊帶的牛仔褲，一件介於咖啡和橘黃之間顏色的襯衫，在釜山搭上了大韓航空的班機。這架飛機將先飛到日本福岡，再轉機去台北。

五十年後，我仍然聞得到新襯衫和新褲子的氣味。在福岡機場過境的時候，和同班飛機一位同學聊天比手劃腳的情景，甚至說話聲音的起伏。

是吧。一個十八歲少年生平頭一次出遠門，離開雖然是他出生卻沒有當作家鄉的地方，要去一個雖然從來沒去過，連他父母都沒去過，卻在他心裡認定是要「回去」的地方。他的興奮是可以想像的。

沒有那種認定和興奮，他是不會那麼執著地要來臺灣。儘管他早已習慣因為小兒痲痺而要拄拐杖的不便，但畢竟這是一次徹底別離自己生活和家人的移動。離開家人之後，連上洗手間這種事情都不知道如何處理的移動。

雖然我說不清是什麼原因，但我是從五十年前還沒有來這裡的時候就相信：中華民國是我的歸屬之地，臺灣是我的家。

二．

多年來，我也好奇過：為什麼就那麼相信？

是因為從小學每天上學在校外圍牆上看到的「光復大陸」？

是因為中學時候聽到韓國人都稱呼臺灣是「自由中國」？

是因為整個童年、少年時期一直讀的都是來自臺灣的書？

但是有一個記憶可以替換所有這些好奇。

十八歲那年飛機從福岡抵達台北的當天是夜裡。出了松山機場，外面下著毛毛雨。同學的姐夫來接他，也邀我一起去住一晚，第二天再去學校宿舍。

我在一盞路燈下等他們把車開過來。抬頭往上看，路燈下雨絲清晰可見。燈的上方比較遠的地方雨絲落的速度似乎很慢，進了燈光裡的下方，就落得很快，撲面而來。

車子去花園新城的路上，車窗外是黑黑的。我望著黑暗，不知怎麼沒感到未知的恐懼，而覺得黑暗中好像有很多可能。雨絲和黑暗，好像都是在歡迎我這個身有行動障礙，沒有任何社會關係的少年，他來到了一個雖然沒有家人但卻將全然擁抱、接納我的地方。

那個雨夜的記憶銘刻了我的心理年齡，也預示了我會受到的一切眷顧。臺灣確實如我期盼，也超出我期盼的一切，承載了我，豐富了我。

臺灣是個美好之地。

我也一直努力希望自己有所回報。

三.

反服貿的時候，我有一個多月時間公開以國策顧問的身分批評馬英九總統。這不合常理，但是我很坦然的原因，是我從接受馬英九總統邀請擔任這個職位起，就自認是中華民國的國策顧問，不是馬總統個人的國策顧問。

也許我童騃，但那是我的直心。

二〇一三年七月底，我在立法院公開辭去了國策顧問一職，隨即回到紐約。

之後有一天晚上很難忘。明明夏天正熱，屋子裡的冷氣也不強，然而我就是覺得冷到牙齒一直在打顫。那是你知道有些時刻再親密的人也幫不上忙，只有你一個人面對所有壓力的孤獨。而許多人質疑我為什麼要堅持蹚反服貿的渾水，為什麼不專心先把出版事業做好時，我只知道如果不先解除自己家裡的危險，事業再成功我也會夜不成寐。

我感激上蒼的垂憫，讓我渡過最黑暗的一段時間，直到次年目睹服貿的危機解除。

四.

我參與反服貿運動，開始是因為我對出版業的注意。但後來擴及許多其他產業，甚至也參與太陽花運動，之後又發起「年輕的力量進國會」，以及其後又持續觀察、整理海洋世代與陸地世代的對比，都可能因為來台北第一天夜裡的記憶銘刻了我心理年齡是十八歲，所以一直比較注意年輕世代相關的課題。

動筆寫這一本書，我最後整理出我認為臺灣當下最值得關注的三隻大象都和年輕人有關，也是這個原因。

年輕人沒有未來，就是國家沒有未來。我確實如此相信。

我寫這段後語，一方面是想鼓勵年輕人：如果五十年前，在資訊、交通都不發達的時代，一個身體不便又隻身來台的少年都可以在臺灣找尋到他的機會，那麼從小就生長在這裡的人，今天又有充沛的資訊及新穎的科技工具，應該更有機會從自己面對的黑暗中看到不是未知的恐懼，而是未知的可能。

一方面也希望再次提醒其他世代的人注意和年輕人相關的這些課題，讓我們一起陪同也幫助年輕世代進行對未來新的探索。

臺灣是美好之地，我們可以一起做這件事。

五．

一直到這本書寫到這裡的時候，我才真正明白為什麼當年那麼早我就相信這裡是我的家了。

八年前出版《如果台灣的四周是海洋》，有一位大學同學看過之後跟我說：「啊，這是你寫給臺灣的情書。」

所以在寫這本書的後語時，我想那這本書是什麼呢？

我想到。是家書。
也因為想到是「家書」，所以我明白為什麼當年那麼早就相信了。
真正的相信，不問為什麼。
我沒把出生的韓國當家。
我沒把籍貫上的山東當家。
我沒把曾經居住五年的北京，曾經居住三年的紐約當家。
但我從五十年前還沒有來的時候就相信臺灣是我的家。
相信就是相信。沒有其他。

此刻把書讀到這裡的你，如果你就是生長在此，應該更是如此。
不論家多麼破爛，我們都是可以一起修復的。
不論外面有多少人想搶走我們的家，我們都可以一起努力保衛家。

三三〇那天五十萬人上凱道，晚上我應邀上台致詞的時候，先閉目合掌祈禱。我在心底說的話是：希望所有曾經護衛臺灣這塊土地的先人，能賜給我們繼續護衛這塊土地的勇氣和智慧。

寫這本書，也是那個出發點和心意。

不論有多少迷霧、煙霧想要讓我們看不清回家的路，我們不會忘記回家的路，我們不忘記要保護我們的家。

我們一起努力。

附錄

提供不知道或已經忘記十年來一些事情的人參考

《兩岸服務貿易協議》及其爭議是怎麼來

摘自《兩岸服務貿易協議》對台灣出版及閱讀生態影響調查採訪與公聽會綜合報告（二〇一三年七月二十六日）

- 二次世界大戰結束之後，各國檢討其起因，認為之前的經濟大蕭條，以及與之相伴而生的貿易保護主義，是一個要因。為了避免歷史重演，在聯合國的推動下，國際間設立了種種經濟、金融和貿易上合作的組織，以化解彼此的衝突，並促進合作。

「國際貨幣基金」（IMF）、「世界銀行」（WBG）、「關稅暨貿易總協定」（GATT）都是此一代表。

- GATT成立於一九四七年，目的即在於以「關稅」來取代過去的貿易保護主義，再以「降低關稅」及取消其他貿易壁壘，並互相給予「最惠國待遇」等，來促進締約成員之間的多邊貿易交流。

GATT最初的締約成員有二十三國。中華民國是其中一員。

•GATT的限制是：它不是一個獨立的國際組織，並且它協議規範的只有貨品貿易。因此經過四十多年的運作後，在一九九四年轉化為「世界貿易組織」（WTO）。

WTO不僅是獨立的國際性組織，更加推動貿易的自由化，並且協議規範的內容也不只貨品貿易，還包括了「服務貿易」、「知識產權」、「爭端解決」等。WTO正式開啟了全球化時代。

從GATT開始就有的協助開發中國家的精神，在WTO也得到更進一步的強化，讓落後國家也能因為加入全球化的自由市場，而得到相對應的經濟發展。任何想要進入全球市場的國家，都不能自外。

WTO最初的會員國有一〇四個，到二〇一三年有一五九個。

•由於中華民國不再是聯合國會員，並且國際承認一個中國，所以雖然是GATT的原始締約成員，但是在WTO成立時，只能以觀察員身分參與。

另一方面，中國大陸自改革開放以來經濟發展快速，到一九九〇年代之後，也以加入ＷＴＯ為進入全球市場為目標。

到二〇〇一年十一月，中華人民共和國終於加入ＷＴＯ。二〇〇二年一月一日，中華民國也得以「台澎金馬個別關稅領域」之名加入。

- 然而，隨著ＷＴＯ的登場，一種新的雙邊，或區域性自由貿易協定（FTA, Free Trade Agreement）也越來越受到重視。ＦＴＡ所強調的是，簽約的雙方，或區域裡的多方，可以彼此給予特殊優惠的貿易條件，更加速自由的貨品、服務、人民的相互流動。最早的ＦＴＡ，是美國和以色列在一九八五年所簽的。其後，一九九四年，早於ＷＴＯ成立一年，美國又和加拿大、墨西哥簽署「北美自由貿易協議」（NAFTA）。

ＦＴＡ真正蔚然成風，在二〇〇〇年之後。立足於普世性的ＷＴＯ，美國、歐盟各自加快加多簽署ＦＴＡ的對象，彼此給予超越ＷＴＯ的優惠，一方面有經濟的著眼點，另一方面也為了擴大對外的影響力。

以經濟勢力新崛起的中國，自然也不能自外於這股潮流。從二〇〇二年中國和東協（AEAN）簽署了ＦＴＡ之後，至今至少和八個國家或地區簽了ＦＴＡ。

•臺灣雖然加入了ＷＴＯ，過去只能和少數邦交國簽署ＦＴＡ，如中美洲五國，難以和其他國家簽署ＦＴＡ或其他投資、經濟合作計畫。

•中國要求臺灣必須先和他們簽了類似ＦＴＡ的協議之後，才能和其他國家或地區進行ＦＴＡ的洽商和簽約。而由於他們希望和臺灣談判這類協議的時候能夠以「既符合ＷＴＯ規則，又具有兩岸特色」為原則，所以乃有「兩岸經濟合作架構協議」（ECFA）之出現。

•二〇一〇年六月，ＥＣＦＡ簽約，九月生效。

一如其名稱所顯示，ＥＣＦＡ只是一個「架構」協議。架構之內，雙方還需要再進一步談判各種有待落實的細部協議。這次的「服務貿易協議」是其一，接下來的「貨品貿易協議」是其二。

（此外還有已經簽署並生效的「投資保障和促進協議」。）

而每一個細部的「貿易協議」，都是一次獨立的談判。

簡單地說，ＥＣＦＡ這個架構協議，像是雙方同意要合蓋一棟房子了。但是到底要蓋什麼樣的房子，房子裡到底要如何裝潢，要買哪些家具等，都必須另外簽定協議。

所以根據ＥＣＦＡ，又成立「兩岸經濟合作委員會」，是所謂「在兩會架構下，為處理與ＥＣＦＡ相關事務而組成的任務性、功能性的磋商平台及聯繫機制」。

二〇一三年六月二十日簽署的《兩岸服務貿易協議》（以下簡稱「《服貿協議》」），正是ＥＣＦＡ之後，兩岸簽署的第一個細部貿易協議。

個人參與反服貿運動重點紀事

部份筆記整理

二〇一三年

六月十二日　《旺報》刊登新聞〈印刷服務業 門戶大開 我面臨挑戰〉（記者黃佩君），第一次披露印刷業被納入服貿協議，並在未知會相關主管機關的情況下，就開放陸資來台。

次日開始，陸續有新聞報導業界嘩然，擔心「官員可能著重在開放印刷業，但連出版業也會受到波及」。

期間，服貿協議到底涵蓋哪些行業，何時簽署，政府皆諱莫如深。

六月十七日　以國策顧問身分致函總統府、行政院，及文化部、經濟部、陸委會等單位，說明其嚴重性及影響，但未獲回應。

六月十九日　得知政府即將於二十一日簽署協議，於次日發表第一封公開信〈我們剩不到二十四小時了〉，並在遠流出版公司董事長王榮文偕同下，到立法院民進黨團辦公室舉行記者會。

六月二十一日 《兩岸服貿協議》在上海簽署。許多產業發出抗議聲。立院不分朝野立委，均表達對政府事先沒有溝通的不滿。政府及一些支持這個協議的產業，則以「利大於弊」為辯護。同日馮光遠、鴻鴻等文化界人士上凱道抗議。

六月二十六日 出版業上下游及相關的十四家公、協、學會，以及其他各界人士，發表共同聲明。聲明中除了抗議政府的黑箱作業外，並提出三點訴求，最主要的是：要求立院對服貿協議必須「逐條審查，逐條表決」，並決定組成「《兩岸服貿協議》對台灣出版及閱讀生態影響調查採訪與公聽會工作小組」

七月五日 第一次與台大經濟系主任鄭秀玲通電郵。

七月十三日 在鄭秀玲引介下，結識黃國昌、賴仲強等人。

七月十四日工作小組舉辦出版業四場公聽會。七月二十六日完成並發表調查採訪及公聽會的綜合報告。

七月二十八日 賴仲強為代表的「反黑箱服貿民主陣線」成立，日後為經民連。

七月三十一日 在立法院辭國策顧問，並發表致馬英九總統公開信。

九月十一日，國民黨馬英九主席譴責立法院院長王金平對檢察體系的司法關說。國民黨宣布將王金平開除黨籍。九月政爭開始。

九月三十日 黑色島國青年陣線等十多個社團學生於立法院外抗議立法院服貿公聽會不顧程序三天連開八場，要求馬英九總統知所進退下台。

二〇一四年

三月十日 立法院最後一場公聽會舉行完畢。

三月十七日 張慶忠「半分忠」事件，宣布服貿協議視同已審查，送院會存查。

三月十八日 林飛帆為代表的學生佔據立法院，太陽花運動開始。

二〇一三年七月十四日，《兩岸服貿協議》對臺灣出版及閱讀生態的影響公聽會。我和調查採訪小組（後右起）印刷業組召集人李金蓮、出版與雜誌業組召集人徐開塵、發行與零售業組召集人孫祥芸一起。

我們剩下不到二十四小時了

二〇一三年六月二十日，《服貿協議》簽訂的前一天發表

各位朋友：

不知道你是否看到這個新聞：

《兩岸服務貿易協議》簽署前夕，驚爆《服貿協議》開放大陸印刷服務業來台，主管部門事先未被告知！《服貿協議》，我方同意大陸印刷服務業比照臺灣在WTO所做承諾來台，等於是全面開放，由於大陸印刷與出版業是「打包」經營，一開放恐將使大陸出版品大舉登台，臺灣出版業面臨強大競爭。

對此，主管部會的官員十一日在接受記者採訪時坦言，該部會事先對此並不知情。據悉，之前披露遭議的美容美髮業開放也有類似問題，部會多頭馬車互踢皮球，缺乏統整與協調，導致開放項目的評估與因應都未臻完善。……（二〇一三年六月十二日《旺報》）

不論你是在出版、印刷、書店，或者發行通路裡工作的人，還是作者、設計者，還是一個只是愛進書店、愛買書的人，都應該知道：有一件對我們影響巨大的事情，就要在政府決策沒有戰略思維，部會之間欠缺溝通，對民間聲音毫不尊重，對大陸談判守不住底線的狀態下，馬上就要在二十四小時之內發生了。

臺灣的出版市場腹地狹小，出版、印刷、書刊零售、書刊發行這些相關聯的環節，不但分屬不同行業，並且就規模而言，絕大部分都是小型業者，甚至奈米型業者。然而，由於出版最重要的土壤和養分是自由和開放的環境，所以隨著臺灣幾十年民主化的發展，眾多創作者和小型出版業者不但沒有受囿於市場規模的侷限，反而以多元多樣的靈活視野和心態，寫下了偉大的篇章，也帶動了印刷、書刊零售、書刊發行等整個產業鏈的發展。

中國大陸則不同。不但市場規模大，出版、印刷、書刊零售、書刊發行四個行業統整為一，均為新聞出版總署所主管，並且任何一個省級的出版集團，莫不同時經營這四項業務，擁有這四個行業豐沛的資源，創造出四頭一身的規模經濟。

幾十年來，臺灣出版業希望的、期待的、等待的、夢想的，就是有一天中國大陸能夠對我們有所開放，形成一個大華文市場的腹地，讓我們也有機會在大陸把出版相關的產業鏈做新的發展。

當然，任何人都知道，由於中國大陸對意識型態的重視與管制，這是件不容易的事。但，不正因為如此，從馬英九總統就任之後，因為新的政府開放了三通，開放了兩岸文化交流，所以我們應該期許政府應該做出一點和過去不同的突破嗎？

現在從政府馬上要在六月二十一日（星期五）就要和中國大陸簽的「服務協議」，尤其是其中開放陸資來台投資印刷業來看，明顯地看出不但沒有突破，還愚昧、無能、粗魯而自我感覺良好地倒退。

政府不但沒有把臺灣出版業原來就相形弱小的四個產業鏈「綑綁」起來和中國大陸談判，竟然還配合中國大陸一向的談判策略，把四個產業鏈「切割」開來，先挑印刷業來談。這是愚昧。

退一步來說，就算要談印刷業，起碼要談出兩岸對等的開放。照現在要簽的協議，陸資來台投資印刷，可以印刷任何事物，當然包括任何書籍雜誌。但是臺灣業者要去大陸投資印刷，卻還是拿不到渴望多少年不可得的「書刊准印證」，只能印些包裝紙材及宣傳物出版品。這是無能。

再退一步來說，對臺灣印刷業影響如此重大的事情，起碼應該公開討論，對印刷業者，對出版相關產業鏈上下游業者舉辦公聽會，聆聽大家的聲音與需要，再調整一些談判底線。但是我們的政府部會沒有給同業任何這種公開討論的機會。這是粗魯。

臺灣的印刷業者，一如我們出版產業鏈的任何其他環節的業者，都是小資本、小人力運作。這是我們的弱點，其實也是我們的特長。何況，只要政府能幫業者談到去大陸做印刷可以拿到「書刊准印證」，臺灣再小的印刷業者也必能找到豐沛的資金和人才去擴展新的市場版圖。現在政府不做此想，竟然有官員主張「把大陸資金引進臺灣，可以協助臺灣印刷業擴大規模及技術升級，活絡市場」，這是自我感覺良好。

如果任憑我們的政府官員如此簽下此次《兩岸服務貿易協議》中有關印刷的條文，顯而易見的危機有三：

一，出版產業鏈條被切割談判之後，中國大陸未來將沒有任何理由需要和我們談判出版本身的環節。我們自己最核心、最有特色的出版，將不再有機會開拓大陸市場；臺灣等待多年的大華文市場，形同泡沫；

二，反過來，臺灣出版產業鏈條被零碎切割後，倒製造了給對岸出版相關業者進來的縫隙。各個四頭一身的出版集團，可以配合這些縫隙來轉換面目進入臺灣，對臺灣的出版產業鏈條逐步產生實質的影響力，我們原來就小型、奈米型的業者，形同以卵敵石，難逃被消滅或併購的命運，而失去自我茁壯；

三，如此，不只是產業生態會變化，更重要的，原來我們引以為傲的自由、開放、多元、多樣的出版面貌，以及閱讀選擇，也勢必會產生質變；

四，在兩岸政策上，政府這種「愚昧、無能、粗魯而自我感覺良好地倒退」如果能如此輕易過關，接下來還不知道要伊於胡底。

現在，離六月二十一日星期五簽《兩岸服務貿易協議》，不到二十四小時了。

我們主事的經濟部，說是大陸簽約的代表團都到了，不可能再改變。

我們的文化部，說他們無能為力。

經濟部及文化部以上更高層次的政府決策者，有他們各自在忙的事情，沒有回答。

我們該怎麼辦？

我的建議是：

一，請政府立即就明天要簽署的《兩岸服務貿易協議》中，有關雙方相互開放印刷的部分，爭取到平等的待遇。大陸開放給臺灣去投資印刷業務時，不但應准許參與出版物的印刷，並應該保證給予「書刊准印證」。不要自我矮化、退縮。

二，如果說《兩岸服務貿易協議》是個包裹協議，不能臨時局部修改，那就請政府暫停本協議的簽約。不論用任何理由都暫停，全面通盤檢討再決定下一步。

如果你贊成這個建議，

一，請到這篇文章公佈的這個網址 http://goo.gl/APoRh

按一個「讚」，讓政府聽到我們的聲音。

二，請把這封信轉寄給你的朋友，你認識的人，讓每一個人都把這封信送給他支持的立法委員，不論是在野黨還是執政黨的。請他們協助攔下政府這種「愚昧、無能、粗魯而自我感覺良好地倒退」的作為。

只剩不到二十四小時了。

郝明義

中華民國一〇二年六月二十日

辭國策顧問信

二〇一三年七月三十一日在立法院公開發表

馬總統：

謝謝您請總統府祕書長楊進添來和我會面，說明政府簽署兩岸《服貿協議》的角度。我請楊祕書長轉達我不同意的意見，您也想必已經了解。

現在大約兩個星期之後，我決定辭去總統府國策顧問一職，敬請查照。也同時說明理由如下。

我從民國九十八年就任國策顧問一職後，將近五年時間裡，不論以公開信或非公開發言給您的建議，一直是請您重視三個主題：

一，國家論述，也就是國家願景的設定；

二，兩岸政策的突圍，要攻守有據，以免反遭殲滅；

三，政府運作的混亂與失序。

我也提醒您：前兩項需要相互呼應，第三項難以立即全面改善，所以最好根據前兩項的方向，以80／20原則挑出短期需要劍及履及改善的重點來監督。

其中，有兩次向您當面建議兩岸政策的重點，也想再說一遍。

一次是民國九十八年底，我和另外兩位人士一起提醒您，兩岸交流的談判極為敏感，所以政府最好把一切兩岸交流的談判都公開化、透明化，主動向在野黨簡報、說明，一方面凝聚臺灣的共識，另一方面也可取得在野黨的某種背書。您當時做了筆記。

另一次是今年二月底，我和您有個單獨對話的機會。當天我提醒您對如何招引中國大陸企業來台投資的事，應該設定「藍線」和「紅線」兩種不同的項目。藍線項目，是指我們明顯落後於他們的，需要他們技術和人才的，這應該積極創造有利的招商引資辦法；紅線項目，是指事涉我們國家安全或利益的，無論如何都要守住，不要讓對方進來。並以去年中國「華為」電子想要併購美國 3Com 公司，卻被「危害美國政府信息安全」的理由而被攔阻為例，指出即使美國這個所謂自由市場的大本營，也有他們基於國家安全而定出的紅線項目。您當時也同意，表示也注意到華為電子的這一則新聞。因此我建議您應該集思廣益，邀請各方產業或意見領袖來討論、定出這些藍線和紅線項目。我個人比較有把握，敢說的，是「紅線」裡應該包含「媒體」和「出版」相關的項目。（出版上下游產業不該切割對待，以免被一條鞭管理的對岸國營出版集團所趁，更是多次在其他機會也向政府相關部門提醒。）

因為我們有過這些深入的討論，此所以當我這次看到政府在《兩岸《服貿協議》》中，毫無預警地把出版上下游四個相關環節中的三個都不對等開放給對岸時，先是趕快寫信給您和相關部門，希望有機會挽救，在沒得到回應後，不得不直接訴諸社會的注意。

這段時間我之一直沒有辭去國策顧問一職，理由有二：一，是我希望除了我個人的繼續提供提醒和建言之外，社會上出現這麼多異議之見，您可能兼聽則明，懸崖勒馬；二，是有些政府官員和媒體，企圖把這次近乎公民運動的政策辯論，標籤化和簡化為藍綠政黨的對決，我持續以「總統府國策顧問」的身分提出諍言和建議，多少可以緩和這種標籤化和簡化思維的作用。也因此，到今天之前，我事實上任何發言的用詞遣句，都沒有針對您個人而來。

但是經過一個月的時間下來，即使民間種種異議聲浪越來越高漲，但是從您對這些異議的回應來看，現在我相信您的許多問題已經不是「偏聽」所造成，而是您自己個人對三個基本的議題就有認知上的偏差。

一，兩岸政策，是生死大事。不能為了拚經濟或創造政績，而罔顧國家安全。您想要透過先和中國大陸簽訂服務貿易協議之後，再得以有機會和亞洲和世界其他地區簽署自由貿易協議，是一種拚經濟的思維。

這種執政者光為了本身政績表現而急於推動，卻完全沒有評估相關產業的衝擊影響，事先也不徵詢產業意見的作法的問題，已經有太多人提出，在此不再贅言。

但是就您身為中華民國總統，不應該忘記這個「兩岸」的對方，並不是一般WTO的簽約國，而是一個有上千顆飛彈還瞄準臺灣的對方。而我在兩年前的一篇文章中還提醒過您：「兩岸關係的本質，一直是戰爭狀態。只不過，早期，主要是政治與砲彈的戰爭；到大陸全面改革開放以後，則改為經濟與銀彈的戰爭。」

因此，我們要和對岸簽署任何商業協議，不能只是沿用和其他國際社會來往的「開放」概念，不僅要做產業衝擊影響評估，還一定要把這些產業事實上是「經濟與銀彈戰爭」的現場放在心上。

也因此，我們要在做「產業衝擊評估」之外，更要做「社會衝擊影響評估」、「國家安全衝擊影響評估」。

而您所領導的政府，事前連「產業衝擊影響評估」都沒做，更遑論「社會衝擊影響評估」、「國家安全衝擊影響評估」。

政府的經濟相關首長而言，他們慮不及此，已經不當，就您身為中華民國總統及三軍統帥的身分而言，一直不肯面對這個協議涉及兩千三百萬人的安身立命，必須謹慎以待的事實，可謂失職。

二，黑箱作業，破壞民主程序

政府這次簽署《兩岸《服貿協議》》，其黑箱作業破壞民主程序，是極其嚴重的事情。

一個涉及影響我們GDP七〇%，就業人口四、五百萬人的對外協議，尤其是與對岸的協議方向與內容，竟然可以完全把國會矇在鼓裡，從在野黨的立委到執政黨的立委到執政黨的立法院院長都事先不做任何透露和討論，這完全破壞了民主社會的價值和理念，破壞了民選政府的程序正義。

今天，中華民國之所以與中華人民共和國不同，之所以我們即使在幅員和經濟力量上無法和對方相比卻仍然有所自豪之處，不過是中華民國乃一民主社會；臺灣歷經二十多年的政治轉型，全民不惜花上經濟、產業等其他發展相對遲緩甚或停滯不前的代價，不過是為了確切落實人民自己做主的信念。

您所領導的政府，這次如此破壞民主程序，其實是站到了臺灣數十年民主運動發展的對立面上，即使真能在經濟成長上產生再大的助益，其實都不足以彌補造成的傷害，遑論經濟部事後委託中經院自己做的評估，這種經濟成長的幅度都不過是○．○二五%至○．○三四%。

三，黑箱作業，錯亂政府體制

黑箱作業，不只是破壞了民主程序，也錯亂了政府體制。

對外進行這種協議談判，一定涉及三個層次的問題：

第一個層次是Who，到底是誰在策劃、主談。

第二個層次是What and Why的問題，要談什麼，涉及到哪些產業，以及為什麼是這些產業。

第三個層次是How，怎麼談，以及中間過程的問題。

在一個民主社會裡，前兩個層次的問題必須是公開、透明的。第三個層次的問題，至少也要隨時接受國會的涉入與監督。

您所領導的政府，這次始終閃避黑箱作業的問題，不僅想模糊焦點，事實上更造成政府體制的錯亂。

造成整個社會如此激烈爭議的一部協議，我們唯一可以確認的，只有我方的簽字者是誰。至於是誰主導、策劃這次談判，是基於什麼戰略思維，有什麼整體產業政策，始終沒有任何人出面。

您安排政府這一任負責對中國大陸工作的主要兩個人上台時，輿論莫不對他們經驗、能力與聲望是否適任而提出質疑。後來大家願意看他們的白紙是否果然能別有內容，但經此一役，足知白紙果然是白紙。於是我們只能看到您在經濟部長或工業局長或他們的陪同下，全省奔波地出席一場場瑣碎的說明會，不但浪費國家資源，並且完全錯亂政府體制。

您歷經兩次選戰，應該最清楚臺灣有大約四成的人是對對岸一直抱有疑懼之心，對政府和對岸簽署任何協議都有巨大的不安。所以政府在如何決定兩岸政策上，應凝聚全民最大共識。這也是我們當初建議政府要主動建立和立法院在野黨說明、溝通的機制。

您不做此圖，竟然在現有民意支持度只有百分之十五的狀況下，不經過民主程序，光以黑箱作業就執意簽署一個影響兩千三百萬人身家性命的《兩岸服務貿易協議》，而它對臺灣經濟成長率的貢獻不過〇．〇二五％到〇．〇三四％，只能讓人聯想到兩個可能：不是獨裁，就是愚不可及。

此外，近日來您以一國總統之尊，在公開場合指稱反對服貿的意見，不堪一擊；

又以特定學者為目標，指稱其造謠，均可謂極不得體。首先，民選政府的首長，本就應該傾聽異議聲音，化解人民的疑慮，您不但不知移樽就教，或理性辯論，竟然挾總統之尊在媒體上的龐大話語優勢，如此對待個別的異議學者，也只能讓人聯想到兩個可能：不是獨裁，就是愚不可及。

基於以上，我已說明我要辭去總統府國策顧問一職的理由。

最後，我還是有些提醒與請託，以請參考。

我的提醒是：今天社會因《服貿協議》而生的種種爭議及臆測，其責任是要您負的；如果民間的聲音和力量逼使政府不得不重啟談判，果真對我國國際形象或其後和他國談判造成不便，付出這個代價的責任，也是您要負的；如果當真因這些耽擱而拉開我國與其他競爭隣國的差距，這個責任也還是您要負的。

因為如果政府事先是公開、透明的作業，和產業有過充分的溝通，對社會和國安衝擊有過評估與說明，許多爭議是可以事先避免的，重啟談判是可以避免的，耽誤也是可以避免的。

我的請託則有二。

一是：以後再聽到民間的異議或批評，請不要再說那固定的一句「謝謝指教」。

畢竟，全民付您五百萬元年俸，國家給您一年兩兆元預算，不是任您再三犯錯、道歉之後，只是輕描淡寫的一句「謝謝指教」。

我們期待您的是：身為總統，能夠為我們的將來未雨綢繆，而不是永遠只是奔波救火，只會「謝謝指教」。

二是：政府在兩岸《服貿協議》所造成的風暴中，目前還有挽救的機會，請及早回頭。

您以兼任國民黨主席的身分，請務必不要再以黨意壓迫立法委員只是形式上的逐條審查、逐條表決，而實際上仍然是投票部隊。所有相關的產業，政府應該逐一辦好完整的公聽會，其後由行政部門做好產業衝擊影響評估、社會衝擊影響評估、國家安全衝擊影響評估，再理性地審查與表決。如此才可望免除社會可能的動盪，免除中華民國可能的危險，不要到最後一刻連補救的機會都沒有。

謝謝您讀完這一封比較長的辭職信。

再見。

郝明義 謹上

中華民國一〇二年七月三十一日

《前瞻條例》涉及的一句話

發表於二〇一七年五月十五日《自由時報》

蔡總統：

最近，您說不明白國民黨究竟反對「前瞻基礎建設特別條例」的哪一項。我不了解國民黨是怎麼想的，但是在看了許多學者專家的發言，也親自訪問了一些人之後，倒是比較明白民間另一批人反對，或至少擔心的是什麼。

我們可以從您說的一段話開始：「既然社會多數的民意，已經把執政的責任和國會過半席次交給了我們，民進黨就有責任讓國家往前走。」這段話的後半，您如果加上一句話可能會更好：民進黨就有責任「以前瞻而民主的政府運作方式」讓國家往前走。

這次前瞻條例之所以引起這麼大爭議，主因應該就是缺少「前瞻而民主的政府運作方式」。會這麼說，是因為幾點。

第一，「前瞻條例」產生的程序不明，甚至不合政府體制。

這麼一個重大的政府建設計畫，跨越八年八千億，應該是過去的經建會，現在的國發會所負責的。

但是看黃國昌立委對國發會主委陳添枝的質詢，聲稱已核定的「前瞻計畫」，竟從來沒有在國發會正式討論審議，也沒有經過行政院院會當討論案審議通過。國發會主委對這些內容如何拼湊起來，也不明究理。

結果這次前瞻條例為人詬病之一，就是計畫書厚達三百六十多頁，其中有關總體經濟效益的評估卻草草只有兩頁，並且內容也空泛。而立委拿到的整本計畫的首頁，連負責單位是誰都沒有印。

媒體報導，這次前瞻條例是一位政務委員直接和地方縣市長直接喬出來的。

有人為此辯護，說此次前瞻計畫與過往最大的不同，在於過去的大型建設計畫都是「由上而下」，這次則是「由下而上」，「政院方面只是制定整合大方向，計畫是由地方縣市政府所提出，善用地方的智慧，不僅更貼近地方的實際需求，也是賴以加速決策的策略。」

如果此說成立，那政府現在可以開始撤銷中央機關了。何況，現在看來，可能正因為其中沒有中央部會的充分討論，地方政府又各有視野侷限，所以不只難以評估總體經濟效益，也無法兼顧相關領域需求的平衡。

這兩個月來，還得您和林全院長分別見一些團體，再交待主事者與他們溝通，把這些人關注的議題納入前瞻條例，只是問題的一個現象。

第二，前瞻而民主的政府運作，應該事前及早就啟動公民參與機制和程序，讓相關利害關係人在規劃前期就納入討論。這次卻沒有。

辯護這次政府的計畫是「由下而上」的人，忘了這上下不該只是指中央政府和地方政府，而必須以人民為先。

否則就如同政大教授徐世榮所說的，是繼續維持威權時代計畫行政程序，排除其他價值及人民參與，也難免將繼續進行浮濫徵收導致人民迫遷等問題，「不合理、不民主、不尊重基本人權」。

一個產生體制和程序都不明的計畫，又沒有讓人民有事前足夠的參與，會被人抨擊是政治人物的分贓，不是沒有原因。

第三，前瞻之為前瞻，是因為肯回顧與檢討。但這次看不到民進黨政府在這方面的用心。

前立委林濁水跟我說，民進黨第一次在陳水扁總統執政的時候，曾經發生廣建機場而後來荒廢，廣建許多地方文化中心而後來落為蚊字館的問題。當時那也都是以「平衡區域發展」為名而做的事。

林濁水提醒：今天民進黨政府再推前瞻條例，需要了解當年那些有問題的計畫是怎麼形成，在誰的手上形成的，以免重蹈覆轍。

何況，很多人的疑慮是：佔了前瞻計畫最重頭戲的輕軌建設一旦因為考慮不周而難以繼續經營，後果遠比蚊子館嚴重。

可偏偏過去陳水扁政府、馬英九政府在此類擴大公共建設投資的特別條例中，都有追究官員疏失的「究責條款」，這次在前瞻條例中卻消失了。這會被人詬病，也不是沒有原因。

第四，前瞻的標準不明，內容與比例有爭議。

目前政府回應外界的質疑，主要挑國民黨來回，並且「以子之矛攻子之盾」，拿國民黨政府當年的作為來反唇相譏。

但如果只拿國民黨過去的作為來比較，那許多人可能就不知道為什麼期待政黨輪替，選民進黨上台了。

何況，民進黨政府需要認清：今天我們面對的世局不同於過去。過去國民黨執政時，有一個相對穩定的世局。而今天，全世界都在發生翻天覆地的變化。

正因為我們處在一個風雲詭譎、沒有任何典範可以依循的環境裡，我們格外需要善用自己僅有的資源，殺出一條生路。

殺出生路，也就是如何提升國家競爭力。因此，雖然這次舉債的額度也是充滿爭議，但如果當真是有助於提升國家競爭力，相信大家還是會支持。

只是這次前瞻條例雖然也在軌道系統之外，也包括數位、綠能，乃至於水資源等建設，說起來像是四足鼎立，但就像台大教授鄭秀玲在公聽會所言，綠能建設、數位建設這兩個比較具有前瞻性的建設，卻「分別只有二百四十三億元及四百六十億元經費」；相較之下，交通建設佔了四千二百四十億元」。

鄭秀玲認為：「光做實體建設的思維很落伍」。另一位不具名的教授的說法則是：「這個計畫只是為既有的工業生產模式打開資源的門。」

也許，政府還另有計畫。可能，政府對前瞻的標準是什麼，內容及比例該佔多少，說得再清楚一點會消除許多疑慮。但這都不是目前權責單位不明、計畫的總體效益評估也只有兩頁的前瞻條例所能回答的。

以上請您參考。很期待政府「以前瞻而民主的政府運作方式」，來推動這前瞻條例的下一步。

郝明義　謹上

中華民國一〇六年五月十五日

為舊有的工業生產模式打開資源的大門

原題「不能只想用錢、用工程解決問題」，發表於二〇一七年六月五日

四月有一天我主講了一場座談會之後，交流時間有一個人的發言讓我馬上做了筆記。

他說的話是，起碼就水資源建設這一塊來說，他看到《前瞻計畫》是在「為舊有的工業生產模式打開資源的大門」。

那人名叫楊志彬。當天我初識，會後另趕約會，也就沒有機會再多請教。

但是「為舊有的工業生產模式打開資源的大門」這句話一直在我心底閃動著。我覺得這句話的本身就像一扇門，如果能知道它說的到底是什麼意思，可以幫我解讀不只水資源建設，甚至整體《前瞻計畫》的一些狀態或問題。

後來證明，我的直覺是對的。

楊志彬是社區大學全國促進會（以下簡稱全促會）祕書長。全促會裡有一個常設的河川智庫，而楊志彬本人也參與了這次水資源政策的討論。

在我這次訪問的許多人裡，楊志彬站在一個很特別的位置。他看來有不少和政府溝通的機會，因此看到一些其他人看不到的可能。但是也正因為如此，他所看到政府的呆滯面，也就格外真切，他分析《前瞻計畫》所帶來負面影響的理由，就格外務實。

我開始聯絡楊志彬那一天，他正好出國。所以一直等到他回國後才進行。那天又正好是上星期五暴雨成災，所以我當天以及之後的補充訪問，都是電話進行。

整理訪問內容的時候，因為其中一些邏輯脈絡的前後呼應，決定用問答方式來進行。

一、這次水資源建設的預算是兩千億元，僅次於軌道建設，佔《前瞻計畫》的二十二%。從水資源建設的角度，你怎麼看《前瞻計畫》？

很多的爭議環繞在「前瞻基礎建設計畫」裡的「前瞻」兩字，如果拿掉這兩個字，可以把問題看得更清楚。

臺灣有許多基礎、結構性的問題亟待解決，如果是老老實實地以「基礎建設補強計畫」的觀點來看，臺灣的確到了應該全面檢視「基礎建設」的時候，但應該是真正的全面，並且應該配合半年後就要公布的國土計畫來一起檢視。不是現在這樣搶在國土計畫公布之前做這麼多大規模的建設。這樣置國土計畫於何地？

何況，就我所知道的水資源建設來說，政府對某些真正的基礎建設是逃避的。譬如，水資源建設裡，「水與發展」這個計畫，是確保供水穩定，所以有很多增加供水的項目。但是，真要達到供水穩定的目的，節水的總體效益要高於增加供水的效益。而涉及節水的主要「基礎建設」應該是：全面汰換老舊自來水管以減低滲漏。

可是自來水公司屬於事業公司，汰換老舊水管屬於「投資」業務，政府認為已經責成自來水公司改善投資，所以不列入《前瞻計畫》。可是又因為考慮到地方政府的城市配合等等因素，基於實際施作量能有限，投資也只能做「有限投資」。這就顯示了政府無法面對問題癥結，決心有限的心態。

這次我看《前瞻計畫》本身，或者看林全院長接受你採訪所談的內容，都感受到太注重「財務」和「工程手段」，而太少新的治理理念，也忽視非工程手段。《前瞻計畫》裡不是沒有比較進步的項目，但比例不高。缺乏其他項目配合，缺乏系統性的配合。單項單項的，發揮不了作用。就大項而言，將水與安全、水與發展、水與環境三項分列，雖然無可厚非，但也就掉入了個別處理的傳統思維。

例如都市裡的生態基盤保存，以及雨水回收再利用的概念，是跨防洪、水資源與環境面向的整合性做法，但並沒有出現在前瞻建設之列，因為這些做法的主導權在內政部而不在水利署。而水利署正在推動的政策中，不乏結合河道防災與土地使用的真正前瞻的政策，也沒有出現在前瞻建設之列。

部會之間缺乏整合，導致政府看不出對水的整體思考，缺乏全面性的政策說明，沒法做施政視野的討論。

二、這次暴雨洪災，有沒有顯示或印證水資源建設的什麼問題？

這次水資源建設中的「水與安全」項目，就是治水，為了應對淹水，列了一千一百五十一億元。但這裡面的主要建設，是為了完成十年前開始的八年八百億易淹水治理時期所做的規劃。看看現在還在進行中的六年六百億流域綜合治理就知道，政府並沒有太多重新反省檢討當年規劃的機會，一直處於「完成高強度保護措施優於一切」的心態。

這些觀念和方法，都是以快速排水、高築堤坊來保護城市，防止「外水」灌入城市。但是這兩天的暴雨洪災告訴我們，「內水」排不出去的問題同樣嚴重。很多區的水排不出去，顯示新舊都市計畫整合不了。

這次暴雨洪災，正是提醒我們，在工程手段之外，要並重非工程手段。

在水資源建設上，一直存在著新舊觀念的交鋒。

舊的觀念就是就用錢用工程，淹水了，就趕快防淹；治水，就只知道用水泥工法蓋堤防。

新的觀念，要以這些非工程手段來舒解對工程的需要，要政府進行跨部門的整合，譬如都市計畫、國土計畫。

像前面所說，這次許多都市淹水，不是過去的「外水」淹進來，而是「內水」排不出去。要解決「內水」排不出去的問題，光靠水利署不行，至少要整合地方政府和營建署。

再以「水與環境」來說。《前瞻計畫》裡的「水與環境」，有二八〇億元，並且是競爭型項目。過去看到的例子讓我們很擔心地方政府太過重視水岸美化，結果又造成水岸的水泥工程化。

進步的「水與環境」，則應該是重視河岸兩旁「水、土、林」的整合，把水岸在生態廊道上的作用要有一定的價值取向。這需要許多部門，譬如林務局的共同參與。

三、這次都市的「內水」排不出去，連臺北市都淹，我聽說臺北市更新後的排水管規格是可以應付每小時 78mm 的降雨量，在全球都算先進。但是有清理淤塞的問題，這就要工務局的配合。這也和你說的跨部門整合相關吧？

對。這也說明我們的都市不能只倚靠排水系統，還應該考慮很多滯洪的設計。目前水利署也在積極研擬徑流分攤的法規，可是在實際執行面將非常複雜，需要高度協調水、土、林相關事業主管機關的配合修法與執行，可是在整個《前瞻計畫》裡頭，並沒有很清楚地把這個政策目標標示到比較上位的指導方向。

既然提到了臺北市，市府力推社子島的開發，將使得臺北市面對未來的防洪風險大為提高。我們同時看到城市裡有先進的排水系統，又有和公務執行力息息相關的清淤，以及錯亂的土地開發政策，這些事務同時並存、新舊衝突，效果互相抵消，而政府在面對這些衝突時候的立場與價值是什麼？

四、你說的「為舊有的工程方法打開資源的大門」到底是什麼意思？

這次水災後，看到林院長說要重視「水與環境」，「都市計畫要動」，如果是用新觀念來檢討「水與環境」的話，那當然是好事。我們最怕的是，看到淹水，就馬上說要加碼防止淹水。

當新舊觀念和典範正在對話，正在競爭的時候，政府要加碼，政府要投八千八百億進來，是支持誰？外部的顧問公司又會支持誰？

公務員最怕被追究執行率，因此所有的預算都要用滿用足，並且一定是採用最習慣也最成熟的系統和產能。

所以我說這是「為舊有的工程方法打開資源的大門」。為舊有的工程方法打開資源的大門，我們要承擔最大的風險就是：原本已經逐漸要被淘汰的觀念和方法，又得以延續生命，不但繼續形成問題，並且把新觀念和新方法都壓後二十年，不但阻礙社會的進步，還會加大世代衝突。

偏偏最習慣和最成熟產能的工作方法，不足以面對未來的氣候劇變。今天在全球氣候的詭變之下，要承認極端氣候的可能性，要積極走向「韌性城市」。否則，想治水卻光是沿續過去的理論和想像，而不停下來思考、不翻轉，近乎不可能。

臺灣的雨量與災害潛勢可以說是「傲視全球」，但這並不是不轉型的藉口。美國紐奧爾良、丹麥哥本哈根、荷蘭等國家和地區同樣面臨極端氣候的挑戰，原本少雨的國家突然多雨起來，必須承受的系統衝擊絕不比臺灣小。但這些地方面臨危機衝擊後為何選擇轉型，而不是強化舊有系統與做法，其間有許多值得我們參考的地方。

五、你們水資源建設這一塊好像和行政部門的溝通還比較多，是什麼情況？

過去幾年，本來我們發現情況也慢慢有變化。我也看到公務員也不是沒有人願意嘗試新的觀念和方法來解決問題，只是需要比較好的執行條件和夠長的溝通討論時間來面對社會歧見。

我們的對話本來在進行，但是像《前瞻計畫》這樣泰山壓頂，一下子就框下這麼多預算，就產生我剛才說的問題。公務員馬上為了執行預算疲於奔命，地方政府和各方勢力都來搶食大餅，最後一切都回到使用大家最習慣和最成熟的觀念和方法。

換句話說，問題又回到原點。

過去幾個月，政府部門和我們進行了很多對話，釐清一些他們的想法，也做了些保證，不能說是完全沒有進展。但是也正因為看到這些進展都是因為不斷對話才發生的，所以我們認為對話應該再繼續進行，不要急著決定，更不要為了通過《前瞻計畫》就急著告一段落。

為了避免國家應有的基礎建設再被政治操作切斷、影響，因此全促會的河川智庫主張在《前瞻條例》中應該加入四點，成為所有計畫形成的原則：

一，資訊透明。讓所有建設項目的資訊都公開透明，方便各方檢視。現在的網路平台，很容易做到這一點。

二，公眾參與。尤其讓所有利害關係人都有充分的發言、申訴機會。

三，生態優先。所有的工程建設項目，都該接受生態檢核。

四，效益評估。新工程開始之前，首先應該回顧檢討過去十年所做的事情是否有效。

政府也該全面檢討自己操作面上的心態。工程有爭議，就該面對，而不是逃避。

有些水庫，爭議存在多年，但是在這次水資源建設裡，只是給水庫名字多加「生態」兩個字，打包放進《前瞻計畫》，就以為可以過關了。

六、我聽說雙溪水庫就是一個例子？

對。政府要建這個水庫有好多年了，這是為了支持基隆的用水需求，在分析裡，雙溪水庫預定區是個優質的水庫場址。

但是二十幾年來，地方人士也好、生態團體也好，反對的說法以及替代性的計畫一直不斷出現。有人主張把原有的梯田復耕、基隆市的水管滲漏率降低……等等做法，水庫的需求就沒有那麼急迫。

我也看到了水利署用各種數據的計算來回應這些不同意見，但是民間的質疑還沒有完全釋疑，對於政府部門的計算需要更多的公眾與專家檢視。政府應該面對更具體的爭議，再繼續討論、溝通，而不要認為只要預算過關了，就可以加速執行的步伐。

七、這兩天員山子分洪到底有沒有效是個話題。你怎麼看？

做員山子分洪，是為了不要影響汐止，趕快排洪。有沒有效果？要看下雨是否主要降在汐止河川上游的集水區範圍之內才能評估。以前面提過的社子島爭議來說，如果降雨落在汐止河川下游的集水區，那麼員山仔分洪對於保衛社子島未來的防洪效果不大。

另外，這幾天看到林佳龍市長非常驕傲柳川的防洪效果，可是由鍾振坤博士提供我六月三號從午夜到早上十點半的降雨圖來看，台中市在暴雨圈的外環，十個小時的降雨量還不到 100mm，這種降雨量如果還發生水災就真的大有問題了。所以這次的豪大雨在台中市柳川的集水範圍並不明顯，不能證明柳川的防洪功能是否通過考驗。

八、最後給政府的建議是？

最後，我要給政府的建議是：不要局限於只是延長既有的工業生產模式，刺激短暫的經濟繁榮。

真正的前瞻是：國家治理能否突破過去的本位主義：是否能跨部門整合中央部會，是否能整合中央和地方。

所以，儘管《前瞻計畫》到目前受到這麼多質疑和討論，但畢竟這些質疑和討論也都是因為有這個計畫而起，所以政府汲取教訓，今後應該做三件事情：

(1)趁國家規劃大規模建設的時候，發動大規模公共討論，吸納社會的建議。

(2)透過這些大規模的計畫，整合中央部會相關政策，並要求或誘導地方政府在跨部門工作上整合，配合中央整合。

(3)這些大計畫應該具備彈性，納入公民參與，建立回饋與修正機制，不需要把預算在期限內消化完畢。

感謝

有太多人是我要感謝的。他們不只是協助我寫了這本書，也是讓我一路開拓眼界，把海洋看得更清楚：

尹麗喬（臺灣大學大陸研究中心特約研究員）

王景弘 TonyQ（數位身分股份有限公司架構師）

吳崑玉（政治觀察家）

呂冠緯（均一平台教育基金會 董事長兼執行長）

周奕成（小藝埕 ArtYard 創業人／創作人、大稻埕國際藝術節 TTT IFA 發起人）

林大涵（貝殼放大股份有限公司執行長）

林合政（達摩媒體股份有限公司執行長）

林秀芃（苑裡「掀海風」、「掀冊店」共同創辦人）

林宗弘（中央研究院社會學研究所研究員）

林洲民（仲觀聯合建築師事務所主持建築師）
林飛帆（新境界文教基金會董事）
林濁水（前立法委員）
施尚廷（打里摺建築藝術有限公司副總經理）
苗博雅（臺北市議員）
馬天宗（中子創新有限公司總經理）
高懷遠 Ash Kao（程式設計師）
陳永雄（正正創作坊有限公司 Just Creative Studio Limited 行政總裁）
焦元溥（音樂評論家）
張卉君（前黑潮基金會執行長）
張良伊 Liangyi Chang（350.org 亞洲管理總監）
張益贍（政治評論家）
張潔平（區塊鏈社群平台《Matters》、獨立書店「飛地 Nowhere」創辦人）
彭揚凱（OURs 專業者都市改革組織秘書長）
游名揚（雷亞遊戲ＣＥＯ／Executive Producer）

黃丞儀（中央研究院法律學研究所研究員）
黃國昌（台灣公益揭弊暨吹哨者保護協會理事長）
楊士範（關鍵評論網媒體集團共同創辦人暨內容長）
楊志彬（社區大學全國促進會秘書長）
溫約瑟（「中國人民解放軍基地及設施」互動地圖創建人）
廖鴻基（黑潮海洋文教基金會創會董事長）
劉育育（苗栗縣苑裡鎮鎮長）
劉紹華（中央研究院民族學研究所研究員）
潘如玲（前文華高中教師，JOANA MAYA覺察教室負責人）
謝金河（財信傳媒集團董事長）
蘇經天（聯譜顧問股份有限公司創辦人）

以及不具名的K教授、T老師、L女士、C女士、M女士、B女士、學者J。
還有所有支持我全力衝刺完成這本書的同事。還有特別為封面作畫的阿尼默。

請寫下你的探索

獻給家人們